edition ferenczy bei Bruckmann

Alois Glück

Abstieg oder Aufbruch

Plädoyer für eine liberal-konservative Erneuerung

edition ferenczy bei Bruckmann

Lektorat: Robert Fischer

Produktion und Layout:
VerlagsService Dr. Helmut Neuberger
& Karl Schaumann GmbH

Titelfoto: Rolf Poss
Umschlaggestaltung: Uwe Richter

Die Deutsche Bibliothek – CIP-Einheitsaufnahme
Glück, Alois :
Abstieg oder Aufbruch: Plädoyer für eine liberal-konservative Erneuerung /
Alois Glück. – München :
Ed. Ferenczy bei Bruckmann, 1996
ISBN 3-7654-2881-7

Gesamtherstellung: Bruckmann, München
Printed in Germany
ISBN 3-7654-2881-7

Für meine Frau Katharina,

*die mich in meiner politischen Arbeit mit ihrer
Klugheit, mit Geduld und mit ihrem besonderen
Einfühlungsvermögen in Situationen und
Menschen sehr unterstützt.*

Inhalt

Politische Führung heißt:
Das Notwendige verständlich machen
und danach handeln.

Zu diesem Buch

Politisch handeln bedeutet, Richtungsentscheidungen zu treffen. In den vergangenen Jahren ist uns dies vielleicht immer weniger bewußt geworden. Denn die Parteien haben sich in vielen Positionen aufeinander zubewegt. Eine wachsende Zahl von Bürgern beklagt eine mangelnde Unterscheidbarkeit. Die neuen Herausforderungen werden wieder mehr Richtungsentscheidungen notwendig machen, die auf den jeweiligen Wertvorstellungen beruhen.

Die Politik in der Bundesrepublik Deutschland steht vor den wahrscheinlich schwierigsten Herausforderungen und Entscheidungen der Nachkriegszeit. Die Botschaften der ersten Jahrzehnte waren einfach, klar und einigend: Aufbau, Wohlstand und Sicherung der Freiheit gegen die Bedrohung von außen.

Ende der 80er Jahre war die politische Stimmungslage durch Labilität, Ausfransung und Unsicherheit geprägt. Dann kam der Umbruch der Jahre 1989/1990; die Aufgaben der folgenden Jahre waren eindeutig. Dies führte nach einer Phase, in der bereits über das Ende der Volksparteien diskutiert wurde, wieder zu einer Bündelung der Kräfte. Nun stehen wir vor einer neuen Etappe.

Es ist eine Sache, aufgrund der Veränderungen von außen zu reagieren, es ist eine andere und eine schwierigere Aufgabe, sich aufgrund hausgemachter Fehlentwicklungen korrigieren zu müssen. Die Botschaft heißt jetzt nicht »mehr« und »noch mehr«, sondern für die meisten eher »weniger«. Die Aufgaben lassen sich nicht nur durch Sparpolitik, durch organisatorische, technische und ökonomische Korrekturen bewältigen. Die Ursache aller Probleme liegt in Einstellungen, Verhaltensweisen und daraus erwachsenden Strukturen. Die notwendigen Kurskorrekturen können deshalb auch nur durch veränderte Einstellungen und veränderte Strukturen erreicht werden. Dies fordert von der Politik politische Meinungsführerschaft in der Analyse und in der Zielbestimmung.

Die Schwäche der gegenwärtigen politischen Diskussion in Deutschland beginnt bereits bei der notwendigen tiefgründigen Analyse, beim Verständnis der Probleme und den Mechanismen der modernen Gesellschaft. Sie setzt sich fort in der notwendigen Einordnung in die internationale Entwicklung.

Dieses Buch will zu dieser notwendigen Diskussion und zur Zielbestimmung insbesondere für den Kurs der Union einen Beitrag leisten. Das Ziel ist eine »liberal-konservative Erneuerung«. Die zentralen Punkte einer solchen notwendigen Auseinandersetzung und Kursbestimmung sind dabei die Einstellung zur Eigenverantwortung des einzelnen, die notwendige Balance von Selbstbestimmung und Solidarität und die Einstellung zur Freiheit.

Freiheit wovon und Freiheit wofür? Für die Aufgaben der Gegenwart und der Zukunft brauchen wir eine Kultur der Selbständigkeit und eine Kultur des Helfens. Die sogenannten »harten Themen« bestimmen die tagespolitische Arbeit und die Auseinandersetzungen. Die »weichen Themen« prägen die Einstellungen, die gesellschaftlichen und politischen Entwicklungen.

Die liberal-konservativen Kräfte im Land haben in den vergangenen Jahrzehnten weithin die konkrete handwerkliche politische Arbeit geleistet, aber weithin die Meinungsführerschaft in den prägenden geistigen Auseinandersetzungen verloren.

Dieses Buch ist das Ergebnis vieler Gespräche und Diskussionen in den vergangenen Jahren. Ich danke allen Gesprächspartnern, vor allem auch meinen engeren Mitarbeitern in der Geschäftsstelle der CSU-Landtagsfraktion für den anregenden Gedankenaustausch.

Besonders danke ich meinem Mitarbeiter Dr. Peter Witterauf für die Unterstützung bei der endgültigen Bearbeitung des Manuskripts.

I.
Zeit des Umbruchs

Politik in der Zeitenwende

Mit dem Jahr 1996 begann ein neuer Abschnitt in der deutschen Politik. Wir sind in der zweiten Halbzeit auf dem Weg vom Jahr 1990 – dem Zusammenbruch der kommunistischen Systeme – und dem Jahr 2000. Die erste Halbzeit war spannend und schwierig, stürmisch am Anfang; die zweite Halbzeit wird wahrscheinlich noch schwieriger.

Diese Prognose mag erstaunen, ist doch Deutschland, obwohl vom Umbruch 1989/1990 am meisten betroffen, eine Insel der Stabilität: politisch, wirtschaftlich, sozial – eine großartige Leistung der Politik, die dafür die Rahmenbedingungen gesetzt hat.

Aber täglich ist immer mehr spürbar, daß die Kräfte zum Zerreißen angespannt sind. Schon kleinere nicht eingeplante Veränderungen, etwa ein leichter Rückgang der Konjunktur, bringen große Probleme. Was wird, wenn die großen ungelösten Aufgaben, die sich allmählich zu einem Problemberg türmen, unaufschiebbar angepackt werden müssen?

Die Zeit 1989/1990 bis 1995 war die Phase der Stabilisierung im stürmischen Umbruch der äußeren politischen Bedingungen. Jetzt kommt unausweichlich die Phase tiefgreifender Reformen – oder es folgen Zusammenbrüche. Das prägt die zweite Halbzeit der 90er Jahre – und sicher die Zeit über die Jahrtausendwende hinaus. Instabilitäten zeichnen sich ab: nicht nur im internationalen Gefüge – die Welt ist nach 1990 nicht stabiler, sondern instabiler geworden – auch im inneren Gefüge, im Sozialstaat, in der wirtschaftlichen Entwicklung, im inneren Gefüge der Gesellschaft, in Europa.

Eine neue Dimension im Verständnis und in den Möglichkeiten des Menschen ist in der Entwicklung: Vom Bewahrer und Ausgestalter der vorhandenen Schöpfung zum Mitschöpfer.

Eine Anmaßung? Die Entwicklung ist in der Schöpfung ange-
legt und ganz offensichtlich nicht gegen den Willen des Schöpfers.
Deshalb ist eine schlichte Verweigerung gegenüber dieser Entwick-
lung keine christliche Position. Unabhängig von der generellen
Aufgabe notwendiger Grenzziehungen ist die Selbstbegrenzung
beim Menschen elementar wichtig. Wer oder was gibt dazu die
Kraft? Wohl ausschließlich eine Ehrfurcht vor dem Leben und der
Würde des Menschen, die aus dem Glauben wächst.

Ein wichtiges Wächteramt kann den Prinzipien des christlichen
Menschenbildes und damit ihren Vertretern auch durch Entwicklungen in der Informationstechnologie erwachsen (»der gläserne
Mensch«, virtuelle Technik, u.ä.). Die Politik steht vor den schwer-
sten Herausforderungen der letzten 50 Jahre.

Das mag manchen zu dramatisch klingen, bedenken wir doch
im Rückblick die Zeit vor 50 Jahren, die Not und das Chaos der
Stunde Null. Die jüngeren Generationen – nein, schon die Mehrheit der Deutschen – hat diese Zeit nicht mehr erlebt, hört geradezu ungläubig staunend bei solchen Anlässen, wie es nach 1945
und Anfang der 50er Jahre war. Was sind im Vergleich dazu unsere Probleme? Doch gering!

Unter materiellen Gesichtspunkten ist dieser Hinweis gewiß
richtig. Er ist aber letztlich ebensowenig tragend, wie wenn man
die junge Generation mit diesen Vergleichen konfrontiert und damit ihre heutigen Probleme und Nöte relativiert. Die Nachkriegsge-
neration hatte es materiell schwerer und trotzdem in vieler Beziehung leichter als die heutige junge Generation. Es ging deutlich
aufwärts, die Ziele waren eindeutig, die Orientierung einfacher.
Nach dem Zusammenbruch und der Katastrophe des Zweiten
Weltkrieges waren zwei Ziele allgemein anerkannt und entsprechend eindeutig: Wiederaufbau und Abwehr der Bedrohung von
außen. Diese Eindeutigkeit bündelte die Kräfte, gab Zusammenhalt, Orientierung, Dynamik. »Es wird besser und noch besser,
mehr und noch mehr« – das prägte auch das politische Klima und
entschied die Wahlkämpfe. Demgegenüber ist die heutige Situation nicht eindeutig, sondern vieldeutig. Die Botschaften des Tages

klingen nicht nach »mehr«, sondern eher nach »weniger«. Eine Vielfalt von Wertvorstellungen und Zielen, Individualisierung, Segmentierung in eine Vielzahl gesellschaftlicher Gruppen sowie die Angst um den Besitzstand und vor Veränderung prägen die politischen Rahmenbedingungen. Wo sind die Ziele, die uns vereinen, die die Phantasie beschäftigen und die Kräfte mobilisieren? Unübersichtlichkeit, Kompliziertheit, Orientierungsschwierigkeiten allerorten.

Die wahlentscheidenden Botschaften waren das »Mehr«, zumindest die Besitzstandswahrung, nicht nur in Deutschland, sondern in allen Industrienationen. Die Wahlergebnisse bei den österreichischen Nationalratswahlen im Dezember 1995 sowie die Streiks und Unruhen in Frankreich im November/Dezember 1995 waren von dieser Konstellation geprägt. Keine ermutigende Botschaft für diejenigen, die rechtzeitig verändern möchten. Deshalb ist für die Parteien die Versuchung groß, die Dimension der notwendigen Veränderungen zu verdrängen. Gegen diese Feststellung mag man einwenden, daß in Deutschland gerade durch die Unionsparteien eine intensive Debatte über die Zukunft des Wirtschaftsstandortes Deutschland begonnen hat und hoffnungsvolle Veränderungen durchaus zu registrieren sind. Dies ist zutreffend. Das Problem ist, daß diese Perspektive noch zu verkürzt ist. Die Dimensionen der Veränderungen sind umfassender. Die gefährliche Schwäche der politischen Diskussion ist (und dies ist nicht nur eine Sache der Parteien), daß es an tiefgründigeren Analysen und daraus erwachsenden Schlußfolgerungen fehlt.

Schon in den 80er Jahren tauchten zunehmend Bewertungen wie »Ende der Neuzeit«, »Paradigmenwechsel« oder »Zeitenwende« auf. Beinahe haben wir schon wieder vergessen, in welch einer unsicheren labilen Innenverfassung wir in der zweiten Hälfte des vergangenen Jahrzehnts waren. Dann kamen die dramatischen Ereignisse der Jahre 1989/1990; in den folgenden fünf Jahren waren wir darauf konzentriert. Jetzt werden die Themen, Probleme und Stimmungen der 80er Jahre wieder virulenter. Sie werden noch verstärkt durch die Ergebnisse sowie durch die neuen Chancen und Probleme der ersten Hälfte dieses Jahrzehnts. Hinzu kommt allmählich die Wirkung der magischen Zahl 2000, die Beschäftigung mit der Jahrhundert- und Jahrtausendwende. Dieses Datum wird noch viele schwer kalkulierbare Kräfte freisetzen, vermutlich auch ängstliche. »Endzeitstimmungen« werden aufkommen. Das Bestreben, eine zupackende Aufbruchstimmung zu vermitteln, wird dadurch beeinträchtigt. Die Gemengelage ist damit noch schwieriger geworden.

Wir haben uns über den Zusammenbruch des konkurrierenden Systems Kommunismus gefreut – und wurden um so schneller mit unseren eigenen Schwächen konfrontiert. Sind das Ende der Neuzeit und die Krise des Fortschritts unser Grundproblem?

Der Münchner Philosoph Robert Spaemann sagte dazu in einem Interview:

»Der lineare Fortschritt wissenschaftlicher Naturbeherrschung wird seit wenigen Jahrzehnten nicht mehr als Befreiung erlebt, sondern als Bedrohung und Verhängnis. Bezeichnend ist, wie heute der Fortschritt verteidigt wird. Fortschrittskritikern hält man nicht mehr entgegen, daß der Fortschritt doch wünschenswert, sondern daß er unvermeidlich und der Widerstand utopisch sei. Was immer mehr Menschen ablehnen, ist die Zumutung, das, was sowieso geschieht, auch noch gut finden zu müssen. Es gibt natürlich weiterhin Fortschritte in dieser und in jener Hinsicht, das heißt, Verbesserung von irgend etwas. Aber der Gedanke des Fortschritts im Singular ist tot.«

»Ich betrachte das, was heute geschieht, als schmerzhafte Rückkehr zur Normalität der ›conditio humana‹. Diese Normalität ist keineswegs nur erfreulich. Aber wir haben in Europa 300 Jahre lang – menschheitlich gesehen – in einer Ausnahmesituation gelebt, die nicht dazu gemacht war, unendlich lange zu dauern. Allein der immense Energieverbrauch unserer Zivilisation ist parasitär. Das heißt: Es kann nicht endlos so weitergehen.«

(Robert Spaemann, in: Focus 47/1995)

Eine »kollektive Depression« als gegenwärtig prägende Atmosphäre sieht der Religionsphilosoph Eugen Biser – typisch für eine Spätzeit. Er zieht eine Parallele zur Spätantike, die unter dem Eindruck einer umsichgreifenden politisch-religiösen Krise zunehmend einem pessimistisch-resignativen Lebensgefühl verfallen sei.

Der Politikwissenschaftler Werner Weidenfeld analysiert die Situation mit einem anderen Ansatz, aber mit ebenso weitreichender Schlußfolgerung:

»Was hatte der Krieg auf dem Balkan, der Jahre tobte, mit den Chaostagen in Hannover gemein? In beiden Fällen zeigte sich die Abwesenheit politischer Ordnungsmacht. Zahlreiche weitere Beispiele ließen sich nennen, wo internationale Organisationen ihre Unfähigkeit zu relevantem Handeln dokumentieren und wo der Rechtsstaat zum Zuschauer verkümmert.«

»Hier vollzieht sich unter der Oberfläche politischer Tageshektik ein kultureller Umbruch von weitreichenden, möglicherweise explosiven Konsequenzen.«

»Wir nehmen Abschied von der alten Ordnung. Eine historische Epoche ist beendet. Wir durchleben eine Zwischenzeit. Die Ratio der alten Ordnung gilt nicht mehr, doch das Baumuster der neuen Zeit steht noch aus. Die Politik ist – international wie national – auf der Suche nach ihrer Form. Andererseits gewinnen versunken geglaubte Prägungen neue Ausstrahlung: die religiös wie kulturell bestimmten Räume Europas, die Renationalisierungen wie die ethnisch orientierten Machtambitionen. Auf die Statik des Ost-West-Konflikts ist die explosive Dynamik der vielen Konflikte gefolgt.«

»Politik als Ringen um die allgemeinverbindliche Ordnung versinkt hinter dem Horizont des ungezähmten Kampfes. Am Anfang stehen Fragen an eine neue Zeit. Der Umbau der politischen Systeme wird zunehmend ergänzt durch Fragezeichen zur Tiefendimension von Gesellschaft und Politik.«

»Was bindet den Westen, wenn es kein Gegenkonzept des Ostens mehr gibt? Welches Raumbild und welche normative Perspektive soll die Einigung Europas annehmen? Wohin wird sich Deutschland orientieren, wenn sich die Welt so umfassend wandelt? Wir durchleben eine Zwischenzeit, ohne dominierende Konstellation, ohne prägendes Muster. So sind wir mit der ganzen Kompliziertheit der neuen Lage konfrontiert.«

(Werner Weidenfeld, in: Süddeutsche Zeitung, 5.12.1995)

Richtig ist sicherlich, daß erst mit gebührendem zeitlichen Abstand die Historiker unsere Zeit besser in den geschichtlichen Prozeß einordnen und bewerten können. Aber: Alles spricht dafür, daß wir auch im Vergleich zu den Veränderungen früherer Zeiten in einer Phase besonders tiefgreifender Umwälzungen leben. Es ist nämlich ein gewaltiger Unterschied, ob neue Herausforderungen im Rahmen des Bekannten und Bestehenden gemeistert werden können, oder ob völlig neue Wege beschritten werden müssen. Ein »Neuland des Denkens« – wie es Frederic Vester einmal formuliert hat – muß erschlossen werden.

Eine steigende Sehnsucht nach Sicherheit ist das Resultat dieser Entwicklung. Sie spiegelt sich auch in den Anforderungen an die Politik wider, an die immer mehr Erwartungen adressiert werden. Sie soll Sicherheit und Wohlstand umfassend garantieren, von der Wiege bis zur Bahre. Damit verbunden ist der Ruf nach dem geschlossenen Konzept, dem großen Zukunftsentwurf.

Es liegt auf der Hand, daß solche Forderungen zur Überforderung der Politik führen. Leider hat die Politik diesen verhängnisvollen Trend sogar noch verstärkt: Allzuoft hat sie sich für alle Lebensbereiche zuständig erklärt und alle positiven Entwicklungen ihrem Einfluß zugeschrieben.

Welche Veränderungen sind es, die die Bewertung »Umbruchzeit« rechtfertigen? Der Umbruch dokumentiert sich vor allem in vier Entwicklungslinien:

1. Die Folgen aus dem Zusammenbruch des Kommunismus
2. Die zunehmende Internationalisierung unseres Lebens
3. Der Wandel von der Industrie- zur Informationsgesellschaft
4. Die Krisen und Grenzen der Wohlstandsgesellschaft

Gerade in einer Zeit des raschen und tiefgreifenden Wandels gab und gibt es weniger denn je geschlossene Zukunftsentwürfe. Bevor wir uns aber auf den Weg in die Zukunft machen, ehe die Expedition in Neuland aufbricht, muß das vorhandene Kartenmaterial studiert und womöglich das Gelände neu vermessen werden.

Wahrscheinlich werden wir dabei feststellen, daß wir uns mit der Entwicklung der Wohlstandsgesellschaft wegen fehlender rechtzeitiger Kurskorrekturen in einer Sackgasse befinden. Dies ist aber noch kaum Gegenstand der Diskussion. Die Realität des internationalen Wettbewerbs in der Wirtschaft und manche Folgen des Zusammenbruchs des Kommunismus sind Gegenstand der Debatte. Daß wir zunehmend mit den Grenzen und Kehrseiten des Wohlstandes konfrontiert werden, ist allenfalls Thema einer verengt geführten Umweltdebatte.

Der weltweite ökonomische Wettbewerb drängt momentan Fragen der Ökonomie und der Technik in den Vordergrund. Politik darf sich aber nie nur auf Fragen der Effizienz verkürzen. Zudem ist der Wettbewerb mit Asien und anderen Regionen dieser Erde im Kern immer ein Wettbewerb der Kulturen. Die Probleme in unserem Land haben ihre eigentliche Ursache in Einstellungen und Verhaltensweisen. Bei allem Sachzwang in Einzelfragen – Politik ist und bleibt geistige Richtungsbestimmung, geistige Auseinandersetzung. Joschka Fischer hat in einer Bundestagsdebatte davon gesprochen, daß der Wertewandel, den die 68er-Bewegung herbeigeführt hat, unumkehrbar sei. Wenn dem so wäre, dann wäre auch der Abstieg Deutschlands unumkehrbar.

Die 68er-Bewegung war auch eine Reaktion auf Stagnation und Verkrustung. Insoweit ist die Gegenreaktion vielleicht ein Pendelausschlag in die andere Richtung, mit zwangsläufigen Zuspitzungen. Auf dieser Basis können wir aber die Zukunft nicht gewinnen. Notwendig ist nicht nur ein neues Gleichgewicht, etwa zwischen Ökonomie und Ökologie. Es ist erheblich mehr aus dem Gleichgewicht geraten.

Wir werden die Wegstrecke der nächsten Etappen nur mit einer umfassenden »Gesinnungsreform« und umfassenden Strukturreformen bewältigen. Die Grundlage dieser Politik sollte eine liberalkonservative Erneuerung sein: konservativ im Sinne der Rückbesinnung auf bewährte Erfahrungen, liberal im Sinne der Offenheit für notwendige Neuerungen.

Für die Zukunftsfähigkeit unseres Volkes und die Stabilität unserer Gesellschaft ist entscheidend, ob wir auch für die nächste Wegstrecke die richtige Kombination von Tradition und Fortschritt finden. Davon hängt einerseits die notwendige Stabilität, andererseits die Gestaltungskraft und die Fähigkeit zur Veränderung ab. Dies bestimmt unseren Weg in der internationalen Völkergemeinschaft und in der sich rasch verändernden Welt. Davon hängen auch die Zukunftschancen unserer Nachkommen ab.

Zunächst gilt es jedoch, die Situation des Augenblicks und der vorhersehbaren Wegstrecke zu analysieren, die wichtigen Orientierungspunkte zu erkennen, um dann daraus die notwendigen Schlußfolgerungen zu ziehen.

Was uns gegenwärtig besonders zu schaffen macht, sind die Geschwindigkeit und der Umfang des Wandels. Schnelligkeit, Breite und Tiefe der Veränderungen haben zu einem Verlust an Orientierung geführt. Diese steigende Orientierungslosigkeit hat auch wesentlich zu der vielfach beklagten Politik- und Parteienverdrossenheit beigetragen. Von der Politik wird erwartet, was alle anderen Institutionen nicht zu leisten vermögen.

Alle Führenden – nicht nur in der Politik – haben in dieser Situation eine besondere Verpflichtung und eine Bringschuld: Die Verpflichtung, sich selbst mit der Situation und den Aufgaben möglichst umfassend auseinanderzusetzen; die Bringschuld, die Bevölkerung damit vertraut zu machen und auf diese Weise Orientierung zu geben. Wer dies den Politikern wegen ihrer Abhängigkeit von Wahlen nicht zutraut, ist selbst um so mehr gefordert.

Der Bankrott des Kommunismus und die Folgen

Wir sind Zeitzeugen einer der unglaublichsten radikalen Veränderungen der Welt. In den Jahren 1989 und 1990 erfolgte ein so dramatischer Umbruch, daß auch mit größerem Abstand und mit mehr Informationen über die Situation der kommunistischen Staaten die Geschwindigkeit und der Umfang dieser Veränderung mit den üblichen Maßstäben der politischen Analyse kaum erklärbar sind.

Was sind die Konsequenzen dieser Veränderungen aus heutiger Sicht? Sie sollen hier nur stichwortartig beschrieben werden, da darüber viel geschrieben wurde und wird. Vor allem ist darauf zu verweisen, daß wir heute manches deutlicher und teilweise anders sehen, als in der hoffnungsvollen Stimmung des Jahres 1990.

Michael Stürmer schrieb schon 1992:

»Die Zukunft ist wieder offen. Nichts mehr wird sein, wie es vordem war. (...) Die Einheit und das schwierige Erbe der DDR, der Abzug der Russen und mögliche Affinitäten nach Osten, die Rückzüge der Amerikaner und die neuen Gleichgewichte Europas: Deutschland wird, ob es will oder nicht, in alledem eine Schlüsselrolle spielen. Welche geschichtlichen Kräfte aber bestimmen dieses Deutschland von innen und außen? (...) Die weltpolitischen Folgen aber zeichnen sich schon heute ab. Sie werden die Kraftfelder der Weltpolitik verändern. Niedergang und Ende des Sowjetreichs setzen alle Kräfte Europas, der arabischen Welt und Asiens unaufhaltsam in Bewegung. Mehr noch, die Rolle der USA gegenüber Europa und den sowjetischen Nachfolgestaaten ist in tiefem Wandel begriffen. (...) Seit dem Ersten Weltkrieg hat Europa Aufstieg und Fall zweier gewaltsamer Utopien erlebt und heute ist die Geschichte mehr in Bewegung, als jemals seit der französischen Revolution. Ob aber eine Wiener Friedensepoche in Aussicht steht, oder ein ehernes Zeitalter der Kriege und

Katastrophen, ist noch nicht ausgemacht.« (Michael Stürmer, Die Grenzen der Macht; Begegnung der Deutschen mit der Geschichte, Berlin 1992)

Das Ausmaß der Zerstörung ist in den ehemals kommunistischen Ländern weit größer als vorher vermutet wurde. Dies gilt für alle Lebensbereiche; für die Gesellschaft, den Staat, die Wirtschaft und die Umwelt, aber auch für die einzelnen Menschen. Das ergibt in der Konsequenz, daß der Aufbau schwieriger und langfristiger sein wird, uns länger belasten und fordern wird, als wir es vermutet haben.

In den früheren kommunistischen Ländern gibt es ein riesiges geistiges Vakuum. Die entscheidende Frage lautet: Wer wird es füllen? Der Westen ist offensichtlich nur anziehend, was Technik und wirtschaftliche Leistungskraft betrifft – vielleicht auch im Hinblick auf manche seiner Institutionen –, aber nicht in seiner geistigen Ausstrahlung, mit seiner Werteordnung. Die Gefahr, daß Nationalismus dieses Vakuum füllt und daraus neue Brisanz entsteht, ist sehr groß und darf nicht unterschätzt werden. Die labile Innenverfassung, der sehr lange und schwierige Weg des Aufbaus in diesen Ländern, birgt für viele Jahre ein großes Risikopotential. Die Menschen beginnen, sich enttäuscht vom Westen abzuwenden.

Wer hätte denn im Jahr 1990 gedacht, daß fünf Jahre danach in fast allen Staaten des ehemaligen Warschauer Pakts wieder die Repräsentanten der alten Systeme, wenn auch in »geläuterter Form«, an die Macht kommen? Fast überall ist die Nomenklatura der früheren Zeit wieder in den Schlüsselstellungen.

Die politischen Entwicklungen in Rußland verstärken diesen Trend, signalisieren eine Verstärkung der Unsicherheit und der Unkalkulierbarkeit.

Welchen Weg wird Rußland künftig gehen?

In Ungarn, als Spitzenreiter der Reformpolitik im Westen beliebt, regiert nicht nur wieder die alte Nomenklatura, sondern nach Umfragen beginnt sich auch die Bevölkerung vom Westen abzuwenden. Darauf deuten jedenfalls die Daten zur Frage nach einer NATO-Mitgliedschaft hin. Galt diese bis vor kurzem noch als ein ersehnter Hort der Sicherheit, so sind jetzt nur noch 38 Prozent für eine Mitgliedschaft; 30 Prozent dagegen; 32 Prozent unentschieden.

»Natürlich kann man ein gerütteltes Maß an Schuld für diese Entwicklung bei jenen konservativ-demokratischen oder christlich-demokratischen Kräften suchen, die in der ersten Phase nach dem Sturz des Kommunismus als Wahlsieger die Regierungen bildeten. Da die Kommunisten die ›soziale Frage‹ als Vehikel ihrer totalitären Machtansprüche mißbrauchten, reagierten viele der mittel- und osteuropäischen Antikommunisten mit souveräner Verachtung aller Sozialpolitik. Fasziniert von schillernden Harvard- und Chicago-Boys, die den neuen Regierungen mit zweifelhaften monetaristischen Ratschlägen dienlich waren, vergaßen viele der oft sehr jungen ost- und mitteleuropäischen Politiker, daß die Rentner oder die Arbeitslosen aus den ›rationalisierten‹ und stillgelegten Betrieben am Wahltag eine Stimme haben. Diese gingen dann an die geläuterten Kommunisten, die sich jetzt als ›Sozialdemokraten‹ etablierten.«

»Der Westen ist an dieser Entwicklung keineswegs unschuldig. Westliche Berater verlangten von den neuen Regierungen unpopuläre Maßnahmen – und dann wunderte man sich, daß das Volk die neugewonnene Demokratie bei nächster Gelegenheit dazu nutzte, um die Fürsprecher dieser unpopulären Maßnahmen abzuwählen und die in Fragen sozialer Demagogie gut geschulten Kommunisten wieder auf den Schild zu heben.«
(Carl Gustaf Ströhm, in: Die Welt, 11.12.1995)

Von der weiteren Entwicklung bei unseren östlichen Nachbarn sind wir mehr betroffen als jedes andere europäische Land. In der Zeit des kalten Krieges haben wir an der Grenze der Konfliktzone gelebt. Wäre aus dem kalten ein heißer Krieg geworden, wären auf uns als erstes die Trümmer geflogen. Jetzt leben wir an der Nahtstelle zwischen stabil und instabil, zwischen reich und arm. Wenn es bei den Nachbarn im Osten zu Unruhen, zu Konflikten kommt, sind wir wieder die Erstbetroffenen.

Wie können wir helfen – auch im eigenen Interesse? Wirtschaftlich können wir helfen, indem wir uns im Handel für diese Länder öffnen; politisch für ihr Staatswesen durch einfühlsame Be-

ratung beim Aufbau des Rechtsstaates und demokratischer Partei-
en. Hier ist ein wichtiges Aufgabenfeld der politischen Stiftungen.

Für Deutschland bleibt der Wiederaufbau in den neuen Ländern eine langfristige Aufgabe. Die Ergebnisse der ersten fünf Jahre sind
ermutigend. Leicht wird angesichts der hohen Abgabenlast und
der eigenen Probleme im Westen übersehen, daß es auch bei einem Anhalten des weit überdurchschnittlichen Wirtschaftswachs-
tums noch mehr als zehn Jahre dauern wird, bis die neuen Länder
die durchschnittliche Leistungskraft der westlichen Bundesländer –
der Flächenstaaten – erreichen werden. Die finanziellen Folgen
sind überall spürbar – in den Kommunalfinanzen, in der Höhe der
Sozialabgaben mit ihrem Transfereffekt, in den Länderhaushalten
und im Bundeshaushalt.

Diese große Aufgabe wird uns noch mehr als ein Jahrzehnt
enorm fordern. Nicht weniger muß aber geistig investiert werden:
in den gesellschaftlichen Aufbau, in die Festigung unserer Gesellschaftsordnung in den Herzen und Köpfen der Menschen, in das
nicht nur materielle Zusammenwachsen Deutschlands.

Früher war die Welt für alle sichtbar strukturiert: Sie bestand aus
zwei großen Blöcken und ihren Einflußzonen – neben der teilweise
sehr diffusen Gruppe der Neutralen. Die Auflösung dieser »alten«
Welt führt zu ungeheuren Veränderungen, die uns erst allmählich
bewußt werden.

In den europäischen Ländern ist dies unmittelbar spürbar: Da
es die Bedrohung aus dem Osten nicht mehr gibt, sucht Europa eine Identität, die nicht nur auf der Abgrenzung und der notwendigen Wehrhaftigkeit beruht. Der europäische Einigungsprozeß verläuft mühsamer und ist im Ergebnis offen.

Die Welt sucht eine neue politische Ordnung, allmählich entwickeln sich neue Kräftefelder. In Südostasien beispielsweise wird
aufgerüstet. Es ist eine neue Instabilität entstanden. Sie ist vor allem auf den Rückzug der Vereinigten Staaten, der früher dominierenden Ordnungsmacht zurückzuführen. Da die Auseinanderset-

zung mit dem Kommunismus aufgehört hat, braucht Amerika die früheren Stützpunkte und die alten Bündnisse nicht mehr.

Ähnliche Konsequenzen können wir auch vor unserer eigenen Haustür beobachten: Der mörderische Konflikt im früheren Jugoslawien wäre in einer Zeit der beiden Blöcke so kaum denkbar gewesen. Ab einer gewissen Schwelle der Auseinandersetzung hätten sich wahrscheinlich Washington und Moskau über die notwendige Begrenzung des Konflikts rasch verständigt.

Der frühere israelische Ministerpräsident Shimon Peres weist in seinem Buch »Shalom: Erinnerungen« darauf hin, daß der Zusammenbruch der Sowjetunion die Voraussetzungen für den Friedensprozeß im Nahen Osten gebracht hat. Damit haben die arabischen Nachbarn die Unterstützung des schier unerschöpflichen Reservoirs der kommunistischen Militärmaschine verloren. Das hat die Kräftefelder verändert und die Bereitschaft zum Verhandeln gefördert. Ähnliches wird aus Afrika berichtet.

Der Zusammenbruch des Kommunismus ist eine große Chance für eine bessere Welt, er ist ein Segen für die Welt. Zunächst ist jedoch eine große Unsicherheit entstanden, Unübersichtlichkeit ist die Folge. Die nachkommenden Generationen werden uns auch daran messen, ob und wie wir diese Chancen genutzt, wie wir die Aufgabe angepackt haben.

Die Bewältigung der Folgen des Kommunismus wird dem Westen in jeder Beziehung mehr Anstrengung abverlangen, als die Belastung während der vergangenen 20 Jahre des Kalten Krieges.

Eine bislang in den Konsequenzen noch zu wenig erfaßte Veränderung ist, daß durch die Auflösung undurchlässiger Grenzen die Globalisierung der Weltwirtschaft und die Internationalisierung unseres Lebens in einer Dynamik gefördert werden, die buchstäblich atemberaubend ist.

Globalisierung – ökonomische und kulturelle Dimensionen

Mit dem Verlust des Ost-West-Musters ist die Welt von einer neuen Unübersichtlichkeit geprägt. Deutschland kann nach der Wiedervereinigung nicht mehr in der bequemen Nische bleiben, aus der wir bisher wegen unserer Sondersituation das Weltgeschehen betrachtet und bewertet haben. Wenn es nicht mehr anders ging, haben wir einen finanziellen Beitrag geleistet. Viele haben dann vom moralischen Hochsitz aus das Verhalten anderer Länder kommentiert. Vor allem die Amerikaner, die »das schmutzige Geschäft« des Weltpolizisten für den Westen zu leisten hatten, wurden kritisiert.

Heute gilt, daß Deutschland seine internationale Rolle und Aufgabe annehmen muß. Das ist eine der ganz großen und schwierigen Herausforderungen unserer Zeit. Dies gilt nicht nur für die Teilnahme der Bundeswehr an internationalen Friedensmissionen wie in Bosnien. Nach einer jahrzehntelangen Sonderrolle – einerseits bequem, andererseits auch ein Stigma der Vergangenheit – wächst Deutschland auch innenpolitisch in diese Aufgabe allmählich hinein.

Die Wirkungen dieser Globalisierung und Auflösung der früheren Grenzen beschränken sich nicht auf diesen außenpolitischen Aspekt einer neuen Ungemütlichkeit. Vielmehr kommt auch wirtschafts- und sozialpolitisch eine ganz neue Herausforderung ungeahnter Dimension auf uns zu. Seit 1990 ist die deutsche Wirtschaft in einen Zangengriff geraten zwischen den Niedrig-Lohn-Ländern unserer ehemaligen kommunistischen östlichen Nachbarn einerseits und den asiatischen Herausforderern andererseits. Auf einen knappen Nenner gebracht: In der Welt wird die Arbeit neu verteilt.

Die nicht nur spannende, sondern für uns schicksalhafte Frage heißt: Welche Arbeit und wieviel Arbeit wird es in fünf und in zehn Jahren in Bayern und in Deutschland geben? Der Wettbewerb mit den kostengünstigen Nachbarn im Osten ist schwierig, aber er bewegt sich letztlich im bekannten Muster des Wettbewerbs mit Billig-Lohn-Ländern. Mittelfristig ist dieser Raum von seiner Kaufkraft her auch für unsere Wirtschaft von Interesse, wenngleich auch die in diesem Zusammenhang zurückzulegende Wegstrecke länger sein wird als 1990 angenommen.

Dramatisch wird die Herausforderung durch die Konkurrenz der aufstrebenden Länder in Südostasien. Die Zukunft unseres Wohlstands entscheidet sich in Asien. Dort sind die großen Wachstumsmärkte und dort entwickeln sich immer mehr die Spitzenreiter moderner Technologien. Das unsanfte Erwachen ist vor allem darauf zurückzuführen, daß wir nicht nur bei einfacheren Tätigkeiten, die wir notfalls den »Entwicklungsländern« überlassen könnten, herausgefordert werden, sondern auch durch modernste Technologien und internationale Arbeitsteiligkeit.

Der Aufsichtsratsvorsitzende der Siemens AG, Dr. Hermann Franz, hat dafür in einem Vortrag aufrüttelnde Beispiele genannt:

»Eine koreanische Firma baut einen neuen Sportwagen: die Finanzierung erfolgt aus Japan; das Design kommt aus Italien; Motor und Getriebe werden in Deutschland konstruiert; die Montage wird in England durchgeführt, mit den lohnintensiven Komponenten, die aus Korea kommen; die Elektronik wird im Silicon Valley entwickelt, aber in Japan gefertigt; die Markteinführungskampagne übernimmt ein französisches Unternehmen.«

»Durch die Kommunikationsvernetzung ist die Welt klein und überschaubar geworden und nationale Grenzen spielen keine Rolle mehr. In unserem Hause arbeiten zum Beispiel Softwareingenieure, die in Boca Raton in Florida sitzen mit Kollegen aus Bangalore in Indien, aus Wien, München, Zürich und aus England zusammen, sie arbeiten alle an einem neuen Telefonsystem und sind über Satelliten miteinander verbunden. Der Rechner, der ihre Daten aufnimmt, steht irgendwo in den USA oder in Deutschland und ist für jedermann zugänglich. Sie sind Kollegen mit gleicher Qualifikation, der einzige Unterschied ist der, daß der Inder in der Stunde 35 DM kostet, der Engländer 75 DM, der Amerikaner 100 DM und der Deutsche 127 DM. Wir brauchen eine solche Mischkalkulation, weil wir sonst aus dem Wettbewerb herausfallen würden. Und eines muß jedem klar sein, daß sich der Anteil der deutschen Leistungen in dem Maße verringert, in dem die vergleichbaren Kosten steigen.«

(Dr. Hermann Franz, Vortrag zum Thema »Die europäische Wirtschaft im Umbruch« am 8. Januar 1995 in Oberkochen)

Für viele Menschen ist die Verlagerung von Arbeitsplätzen nur das Ergebnis profitsüchtiger Unternehmer und Manager. Schon werden Sündenböcke gesucht. Globalisierung, Internationalisierung – das sind abstrakte Formeln. Wie können wir für »Otto Normalverbraucher« die Entwicklung und die daraus resultierenden Konsequenzen verständlich machen?

Wir müssen ihm sein eigenes Kaufverhalten bewußt machen. Gekauft wird im Vergleich von Preis und Qualität. Das einheimische Produkt wird selten nur wegen seiner Herkunft gekauft – eine wachsende Ausnahme sind Lebensmittel. Außerdem wissen wir bei vielen Artikeln nichts vom Anteil ausländischer Zulieferer. So beruhen zum Beispiel beim VW Polo, einem in Deutschland produzierten Kleinwagen, zirka 60 Prozent auf ausländischer Zulieferung. Beeinflußt die Kenntnis, daß das Produkt im Ausland hergestellt wird, die Kaufentscheidung? Ist sich ein Verbraucher, wenn er sich gegen ein einheimisches Produkt entscheidet, auch bewußt, daß dies eine Entscheidung gegen den hiesigen Arbeitsplatz ist? Um nicht mißverstanden zu werden: Ich rede keinem »buy german« das Wort. Eine Wirtschaft, die exportieren will, muß auch für Importe offen sein. Es wäre aber lehr- und hilfreich, einmal den eigenen Haushalt nach den Herkunftsländern der Produkte zu sichten.

Das Verständnis der gegenwärtigen Entwicklungen und die Einsicht in schmerzliche Notwendigkeiten würde schlagartig wachsen, wenn das Sortiment des nächstliegenden Kaufhauses einmal nach den Herkunftsländern aufgeschlüsselt würde. Noch eindrucksvoller wäre ein Vergleich mit der Situation vor fünf oder zehn Jahren.

Wir Verbraucher beschleunigen die internationale Arbeitsteilung. Als Arbeitnehmer wünschen wir mehr Schutz vor der Konkurrenz. Wem ist der Widerspruch bewußt? Hinzu kommt das Meinungsklima bei Investitionen. »Wir sind auch nur Menschen«, seufzte kürzlich ein Topmanager. »In Deutschland muß ich mich bei jeder Standortentscheidung in zermürbenden Diskussionen dafür rechtfertigen, daß wir Arbeitsplätze bringen. Wir stören die Ruhe. Woanders werden wir freudig begrüßt und unterstützt. Warum soll ich dorthin gehen, wo ich nicht willkommen bin?«

Als der Siemens-Konzern vor der Entscheidung stand, in welchem Auslandsstandort eine weitere Chip-Fabrik gebaut werden soll, kam aus England die Zusage, daß binnen 21 Tagen eine Baugenehmigung erfolgen wird. Und in der Tat: Am 19. Tag nach der Antragstellung war die Genehmigung da. Wen wundert es, daß unter solchen Rahmenbedingungen ein Investitionsstandort den Zuschlag erhält?

Der Kapitalaufwand und das damit verbundene Risiko für die Entwicklung der Hochtechnologie ist ein weiterer Treibsatz der Internationalisierung der Wirtschaft. Konkurrenten werden in die Partnerschaft gezwungen. Wer hat sich vor wenigen Jahren vorstellen können, daß eine Forschungsgemeinschaft von Firmen aus Deutschland, den USA und Japan an der Entwicklung der nächsten Chip-Generation arbeitet? Die Luft- und Raumfahrt ist ein anderes Beispiel.

Der internationale Wettbewerb bringt auch internationale Verpflichtungen, Abhängigkeiten und Partnerschaften. Vielleicht ist das aber auch das wirksamste Friedensicherungsprogramm, das in unserer Zeit möglich ist. Wir müssen aus der Dimension des europäischen Binnenmarktes heraus – der erst noch der Vollendung bedarf – und in den Weltmarkt hineinwachsen. Ökonomisch und geistig.

Die Internationalisierung unseres Lebens wird durch die modernen Kommunikationsmittel atemberaubend beschleunigt. Der Personalcomputer ist das symbolische Gerät unserer Zeit: Er ermöglicht internationale Kommunikation, Internationalisierung und Dezentralisierung. »Vernetzung« ist ein Stichwort der 90er Jahre.

Die modernen Informationsmittel, die aktuellen Berichte in den Nachrichtensendungen aus jedem Winkel der Erde fast ohne Zeitverzögerung können uns spannend informieren. Schaffen sie aber auch ein neues Bewußtsein für die wechselseitige Abhängigkeit und für die gemeinsamen Aufgaben? Sind wir diesem Ansturm, dieser geballten Ladung von Problemen aus aller Welt, der Abstraktion dieser Probleme und ihrer Vielfalt aber auch gewachsen? Wie werden wir auf Dauer reagieren?

Wir wissen immer mehr voneinander, wir nehmen damit aber auch die Unterschiedlichkeit immer deutlicher wahr. Die modernen Informationsmittel sind eine wesentliche Ursache der Wanderungsbewegungen. Wenn man in fast jedem Winkel dieser Erde über Transistor oder gar Television von den Wohlstandsinseln erfährt, dann ist dies eben für immer mehr Menschen eine Motivation, sich auf den Weg zu machen. Dies gilt um so mehr dann, wenn man ohnehin nichts mehr zu verlieren hat.

Wir reagieren auf diese Internationalisierung immer mehr mit der Angst vor Identitätsverlust und vor Überfremdung, nicht nur mit Blick auf die Zuwanderung. Die Europadiskussion ist davon bereits wesentlich geprägt. Typisch dafür war der Verlauf der Diskussion in den Beitrittsländern in Skandinavien, aber auch in Österreich und der Schweiz. Es kam gewissermaßen zum Konflikt zwischen Kopf und Herz, zwischen Verstand und Gefühl. Die Sachargumente sprachen nach Überzeugung fast aller großen Organisationen und Meinungsbilder in diesen Ländern weit überwiegend für den Beitritt. Nach herkömmlichen Mustern der Meinungsbildung hätte man bei dieser Konzentration sich sonst nicht vorstellbarer »großer Koalitionen für Europa« mit einer überwältigenden Mehrheit bei der Bevölkerung rechnen müssen. Doch die Angst vor Identitätsverlust, vor Überfremdung, vor großen und undurchschaubaren Strukturen, hat jede Abstimmung zur Zitterpartie gemacht.

Die zunehmende Internationalisierung unseres Lebens – viele sprechen von der »Welt als Dorf« – ist nicht nur außen- und sicherheitspolitisch, wirtschafts- und sozialpolitisch eine gewaltige Herausforderung, sondern sie ist vor allem auch eine gewaltige geistige, ethische und kulturelle Herausforderung und Aufgabe. Es ist noch offen, ob wir dieser Entwicklung nicht nur technisch und wirtschaftlich, sondern auch kulturell gewachsen sind.

Der Soziologe Ulrich Beck wies in der Süddeutschen Zeitung vom 8. Februar 1996 darauf hin, daß Globalisierung keine Einbahnstraße sein kann. Im globalen Mit- und Gegeneinander der Religionen, Lebensformen und Kulturen würden alle Traditionen ihre innere Selbstverständlichkeit verlieren. Alles müßte von nun an im globalen Wettbewerb der Kultur-Alternativen in einen Dialog treten. Dies muß nicht bedeuten, daß die Traditionen zerfallen, sondern daß sie in einem Dialog, auch in eine Auseinandersetzung geraten, wo auf Dauer nichts von vornherein selbstverständlich ist. Damit gewinnt das Ziel »heimatverbunden und weltoffen« eine ganz neue Dimension. Der internationale Wettbewerb der Wirtschaft, der Wettbewerb um Arbeitsplätze, ist dabei nur teilweise ein Wettbewerb um Technik und ökonomische Bedingungen – im Kern ist dies ein Wettbewerb der Kulturen.

Im Vordergrund der Analyse der Internationalisierung und ihrer Folgen steht bei uns – wegen der wirtschaftlichen Auswirkungen – gegenwärtig Asien. Wir dürfen aber auch die kulturelle Herausforderung und die politische Dimension des Islam nicht vergessen. Die arabischen und die nordafrikanischen Länder sind unsere unmittelbaren Nachbarn zu Südeuropa. Arabische Kultur hat die europäische Entwicklung enorm beeinflußt. Der sogenannte islamische Krisenbogen von Pakistan bis Algerien ist eine Realität vor unserer Haustür, eine sehr reale Herausforderung und Bedrohung.

Diese Herausforderung kann nicht nur mit sicherheitspolitischen Aktivitäten gemeistert werden. Im Kern geht es wieder um eine geistige und kulturelle Auseinandersetzung. Was wissen wir aber vom Islam, von einigen holzschnittartigen Informationen über Fundamentalismus einmal abgesehen?

Von der Industrie- zur Informations-gesellschaft – ein Winzling verändert die Welt

Der amerikanische Zukunftsforscher John Naisbitt hat schon in den 80er Jahren in seinem Buch »Megatrends« geschrieben, daß wir gewissermaßen »zwischen den Zeiten leben«, zwischen zwei Zeitaltern. Bisheriges und Neues – so Naisbitt – sind miteinander vermischt. Der Begriff Informationsgesellschaft wird von ihm bereits thematisiert, später aber von Leo A. Nefiodow genauer dargestellt und analysiert. Leo A. Nefiodow beschreibt in seinem Buch »Der fünfte Kondratieff« in einer beeindruckend tiefgründigen Analyse den internationalen Wandel und dessen unterschiedliche Ursachen. Zugleich postuliert er den Übergang von der Industrie- zur Informationsgesellschaft.

Konturen der Informationsgesellschaft

Bei dem Begriff »Informationsgesellschaft« denken viele nur an die neuen Medien. Sie übersehen dabei, daß eine Technik, deren typisches Merkmal die Speicherung und Weitergabe von Informationen ist – also der Chip in all seinen Anwendungen im Computer, in den Kommunikationstechnologien, in der Steuerungstechnik etc. – alle Lebensbereiche durchdringt und verändert. Kinderspielzeug, Automobile, Werkzeugmaschinen und die moderne »Küchenausstattung« sind zum Beispiel davon betroffen; die Informationstechnik reicht bis in fast alle Winkel unseres Lebens. Kenner sprechen davon, daß der durchschnittliche Bürger bereits an die 200 Mikroprozessoren nutzt, meistens ohne es zu ahnen.

Man kann über Begriffe immer trefflich streiten, doch dürfte der Begriff »Informationsgesellschaft« den Charakter und die Dimension der Veränderung am besten beschreiben.

Eine Basistechnologie, der Chip, durchdringt alle Lebensbereiche. Sie verändert Technik, Wirtschaft und Gesellschaft derart umfassend, wie dies in der Geschichte nur bei einigen wenigen Basistechnologien zu beobachten war: etwa der Einführung der Dampfkraft, dem Aufkommen der Eisenbahn, von Elektrizität und Chemie, des Autos und der billigen Energie. Mit diesen fundamentalen technisch-wissenschaftlichen Strukturveränderungen war immer auch ein tiefgreifender gesellschaftlicher Umbruch verbunden.

So wie es einen Wandel von der Agrar- zur Industriegesellschaft gab und wir mit diesen Begriffen nicht nur jeweils einen bestimmten Stand der Technik, sondern eine gesellschaftliche Entwicklung beschreiben, sind wir nun im Übergang zur Informationsgesellschaft. Wie die früheren Basistechnologien verändert der Chip wieder Betriebe, Branchen, Regionen, die Lebensbedingungen und die Gesellschaft. Dies verändert letztlich auch die Verhaltensweisen der Menschen. Die Möglichkeiten zur Miniaturisierung, zur Dezentralisierung und andererseits zur weltumspannenden Kommunikation und Globalisierung sind dafür typisch. Die gesellschaftsverändernde Wirkung ist enorm.

Die Veränderungen im früheren Ostblock zum Beispiel wären nicht so rasch erfolgt, wenn nicht seit Jahren Informationen die Grenzen sprengen würden. Die modernen Kommunikationsmittel ermöglichen früher oder später fast jedem den Zugang zum Wissen der Zeit und zu umfassender Kommunikation. Dies ist in vielen Gebieten ein gesellschaftspolitischer Sprengsatz.

Schon heute verändern die neuen Möglichkeiten innerbetrieblicher Kommunikation und Organisation die Arbeitswelt, was neue Anforderungen an die Berufe bringt. Dies gilt etwa für die Bürotechnik, aber zum Beispiel auch für den Automechaniker, der schon mehr ein Elektroniker ist als ein Mechaniker. Strukturen befinden sich im Wandel, vor allem mit der Wirkung des Abbaus von Hierarchien, was gegenwärtig mit schmerzlichen Auswirkungen für die mittlere Ebene des Managements verbunden ist.

Statt der standardisierten Massenproduktion wird durch die moderne Kommunikations- und Steuerungstechnik immer mehr individuelle Fertigung möglich, beim Massenprodukt Auto ebenso wie beim Fertighaus.

Die Flut der Medien und die Entwicklung zu Multimedia wird unsere Welt in einer heute noch nicht vorhersehbaren Weise verändern und auch große ethische und kulturelle Herausforderungen mit sich bringen. Denn neben der Durchlässigkeit früher dichter Grenzen ist die Entwicklung der Informationstechnologien der stärkste Schub für die rasche Internationalisierung unseres Lebens und für weltweiten Wettbewerb. Die vorher beschriebene Globalisierung hat hier ihre technische Grundlage und Voraussetzung.

In der ersten Phase der Informationstechnik wurde diese vor allem als Hilfsmittel zur Organisation routinemäßiger Abläufe eingesetzt, etwa mit dem Ziel der Kostensenkung. Im Büro war der Personalcomputer zunächst nur der Ersatz für die Schreibmaschine. Jetzt wird die Informationstechnik das Mittel für die Unterstützung der planenden, koordinierenden, intelligenten und kreativen Tätigkeiten.

»Über die Physik erforscht der Mensch die unbelebte Natur, über die Biologie das Lebendige, über die Elektrotechnik die Welt der Elektrizität. (...) Jede einzelne wissenschaftliche Disziplin beschäftigt sich mit einem Teilbereich der Wirklichkeit. Die Informatik/Informationstechnik ist die Disziplin, die sich mit den Werkzeugen des Geistes beschäftigt. (...) Die bisherigen industriellen Erneuerungen basierten vorwiegend auf der Beherrschung der mechanisch-körperlichen Kräfte. Der Computer dient der Beherrschung von Information und Kommunikation.«

(Leo A. Nefiodow, Der fünfte Kondratieff,
Frankfurt a.M./Wiesbaden 1991)

Diese Entwicklung wird die künftigen Führungsstrukturen nicht nur in der Wirtschaft, sondern auch in Gesellschaft und Politik verändern. Sie wird sich ebenso auf die Arbeitsorganisation und die Anforderung an die Berufe auswirken. Die bisherige klare Trennung von Arbeit und Freizeit wird abgelöst durch ein Ineinanderfließen, durch die Überlappung beider Bereiche. Der internationale Wettbewerb wird sich verschärfen, der kulturelle Austausch mit all seinen zwiespältigen Wirkungen verstärken. Wobei dies nur einige Beispiele sind. Die Politik wird sich in den nächsten Jahren vor allem mit den gesellschaftsverändernden Wirkungen der Informationstechnologie auseinandersetzen müssen.

Risiken und Chancen der Informationsgesellschaft

Wir bewegen uns dabei natürlich auf sehr unsicherem Terrain. Im Bereich der Technik ist es allein schon für Experten überaus schwierig, auch nur einigermaßen die jeweiligen Möglichkeiten abzuschätzen. Noch schwieriger ist es zu prognostizieren, was von dem, was sich in einem Bereich entwickelt – etwa im Bereich der Informationsmedien –, dann auch angenommen wird. Beispiel: Es ist im Multimedia-Zeitalter sicherlich möglich, sich in der Frühe seine eigene »Zeitung« zusammenzustellen. Aber: Wenn ich mir die übliche Zeitnot morgens vor Augen halte, nehme ich an, daß diese technische Möglichkeit nur ganz wenige nutzen werden, weil sie sonst sehr viel früher aufstehen müßten. Es kann allerdings auch sein, daß manche – viele? – Menschen so fasziniert sind, daß sie tatsächlich früher aufstehen, um die neuen Angebote auszuschöpfen.

Wir wissen auch nicht, wie viele Menschen die vielen neuen Möglichkeiten, sich abends beim Fernsehen ein eigenes Programm zusammenzustellen, noch aktiv nutzen werden, oder ob sie sagen, jetzt will ich endlich einmal entspannen und sehen, welche Programme ohne mein Zutun angeboten werden. Das liegt in der Natur einer solchen Entwicklungssituation.

Schon für den einzelnen Fachbereich ist es heute kaum möglich zu prognostizieren, was kommt – und noch weniger, was angenommen werden wird. Dies führt höchstwahrscheinlich auch zu erheblichen Fehlinvestitionen, weil das Ganze ein Suchen und Tasten ist. Noch schwieriger ist es abzuschätzen, wie die Auswirkungen auf die Gesellschaft sein werden, wie sie sich verändern wird.

Dies wird zum Beispiel am Bildungswesen deutlich. Wissensvermittlung kann über die neuen Möglichkeiten, die Experten erschließen und aufbereiten, didaktisch viel besser gemacht werden. Aber Erziehung kann damit nicht vermittelt werden.

Immer wieder ist zu sehen und zu hören, daß gerade junge Leute von ihrem PC oder ihrem Computer fasziniert sind und vom Bildschirm nicht mehr wegkommen. Wenn das dazu führt, daß soziale Kontaktarmut ihre Persönlichkeitsstruktur prägt, dann ist dies natürlich eine gewaltige Herausforderung für unser Bildungswesen. Es ist selbstverständlich, daß wir in unserem Bildungswesen jungen Menschen den Zugang zu dieser Welt erschließen müssen, im Sinne von Wissensvermittlung. Was müssen wir dann aber zusätzlich vermitteln? Welche Komponente muß unser Erziehungs- und Bildungssystem verstärken, damit es am Schluß zu ganzheitlich gebildeten jungen Menschen führt, nicht nur zu guten Computertechnikern, die menschlich dabei verkümmern?

Wie alles im Leben hat auch die Informationsgesellschaft ihre Risiken. Einige Stichworte zu dieser Problematik:
– Bei der Dezentralisierung, die zur Entstehung von Heimarbeitsplätzen führt, besteht die Gefahr der Isolierung, auch die Gefahr von Beschäftigungsproblemen.
– Weitere Risiken sind: Werteverfall und Gewalt in den Medien, negative Auswirkungen auf das Verhalten von Menschen, Herrschaft der Medien im Hinblick auf öffentliche Meinungsbildungsprozesse.
– Es besteht auch die Gefahr, daß sich die soziale Kluft in der Gesellschaft vergrößert. Sind es vielleicht nur 20 Prozent, die clever auf dem Instrumentarium dieser modernen Informationsgesellschaft spielen und arbeiten können? Stehen ihnen 80 Prozent gegenüber, die mit der rasanten Entwicklung nicht mithalten können? Grundsätzlich könnten alle gleich informiert sein. Auch eine Kluft zwischen Informierten und weniger Informierten hat es schon immer gegeben. Aber: Mit der modernen Technik haben die Informierten weitaus bessere Möglichkeiten, ihr Informiertsein auch entsprechend einzusetzen!

– Auch die Risiken des Mißbrauchs (Manipulation und Überwachungsstaat zum Beispiel als Stichworte) dürfen nicht unterschätzt werden. Wie umgekehrt der Weg in die Informationsgesellschaft nach meiner Überzeugung der ausschlaggebende Grund war, warum in den letzten Jahren Diktaturen zusammengebrochen sind. Weil nämlich die Menschen in der Welt nicht mehr abgeschottet werden können von dem, was um sie herum vorgeht.

Ich bin mir ganz sicher, daß die Machthaber im Osten, wenn sie ihre Bevölkerung und die Weltöffentlichkeit hätten abschotten können, noch manches niedergeprügelt hätten, was sie nicht mehr niederprügeln konnten. Ich erinnere mich an ein Gespräch mit Lech Walesa im September 1987, Solidarnosc war damals noch verboten. Er sagte zu mir:»Unsere Machthaber können uns nicht mehr von dem fernhalten, was in der Welt geschieht. Und deswegen haben sie auf Dauer keine Chance mehr!« Ähnliches war weltweit zu beobachten. Das heißt: Die Informationsgesellschaft trägt wesentlich zur Demokratisierung bei.

Neben den Risiken bestehen aber auch große Chancen. Wachstumsbranchen werden sich entwickeln, neue Arbeitsplätze in der Region können entstehen. Manche Umweltprobleme, die die Industriegesellschaft produziert hat, werden wir mit den Strukturen der Informationsgesellschaft besser lösen können: etwa durch intelligente Verkehrssysteme, um nur ein Beispiel aus dem Bereich der Umweltpolitik zu nennen.

Auch für die Familien und die Familienpolitik ergeben sich neue Möglichkeiten. Eines der großen Probleme ist gegenwärtig, daß die Vereinbarkeit von Kinderwunsch und Beruf für viele junge Frauen, die eine gute Ausbildung gemacht haben und die nicht einfach das Bisherige abbrechen möchten, nicht mehr auf einen Nenner zu bringen ist. Die Situation junger Frauen bzw. junger Familien ist bei der heutigen Arbeitsorganisation ein ganz zentrales Problem. Viele in unserer Wirtschaft wollen dies immer noch nicht wahrhaben. Deswegen kann zumindest für bestimmte Lebensphasen der PC zu Hause dann durchaus das bieten, was zum Beispiel die Bäuerin schon immer als Vorteil hatte oder die Frau des Handwerkers, nämlich die räumliche Einheit von Arbeitsplatz und Familie. Sicherlich ist dies kein Patentrezept, allein schon deswegen, weil nicht jede junge Frau für die Arbeit am PC Interesse zeigen wird. Es ist aber möglicherweise eine Teilantwort.

Es gilt auch, daß schon heute viele Eltern darunter leiden, wie schwierig Erziehung in der Flut der Medienangebote ist.

Die neuen Informationsmöglichkeiten bieten zudem für die Führung im Betrieb und für die politische Führung ganz neue Möglichkeiten. Natürlich bleibt auch hier die Frage, ob diejenigen, die Führungsverantwortung tragen, dann die neuen Instrumente nutzen. Schon heute werden ja nicht immer alle traditionellen Informationsmöglichkeiten genutzt, um zu möglichst guten Entscheidungen zu kommen. Denn Entscheidungsprozesse unterliegen vielen Kriterien und nicht nur der bestmöglichen objektiven Aufarbeitung von Daten. Jedenfalls bringen die neuen Instrumente einen entscheidenden Vorteil: Man kann Alternativen und deren Wirkungen ganz anders darstellen und damit in ihren Konsequenzen bewußt machen, als dies bislang auf dem Papier möglich war. Dies könnte zu einer ganz neuen Qualität führen, wenn wir es lernen, im Bereich der Entscheidungsvorbereitung und der Entscheidungsfindung mit diesem Instrumentarium zu arbeiten bzw. die Instrumente entsprechend anzuwenden.

Die größte Chance der Informationsgesellschaft ist, daß sie anders als bislang die Dezentralisierung ermöglicht. Nur müssen wir daraus auch eine Strategie machen. Wir haben das politisch immer mit dem Subsidiaritätsprinzip – also mit dem Prinzip der Eigenverantwortlichkeit – und mit dem Vorrang der kleinen Einheit beschrieben. In den 70er Jahren hatten wir in unserer Gesellschaft einen riesigen Zentralisierungsschub erlebt, auf der Grundlage des damaligen technischen Entwicklungsstands der EDV. Die Massenarbeiten konnte man nur noch über EDV erledigen. Dies führte unmittelbar zur Zentralisierung.

In der Wirtschaft hat man die neuen Möglichkeiten der Dezentralisierung weitgehend genutzt, weil der Wettbewerb dazu gezwungen hat, und weil man entdeckte, daß Zentralisierung auch viele Probleme mit sich bringt. Sie bedeutet (jedenfalls in der Tendenz) zum Beispiel Problemferne, Schwerfälligkeit, mangelnde Motivation und mangelnde Transparenz.

Auch in der öffentlichen Verwaltung haben wir, als es die Technik notwendig machte, weitestgehend zentralisiert. Die neuen Möglichkeiten der Dezentralisierung werden aber – im Gegensatz zur Wirtschaft – noch nicht oder nur in Ansätzen genutzt. Das muß sich ändern!

Denn: Ein wichtiger Stabilitätsfaktor einer Gesellschaft, die sich derart massiv im Umbruch befindet (ein Ende ist noch nicht absehbar), ist in erster Linie die Stärkung der kleineren überschaubaren Räume. Wir müssen ihre Autonomie und ihre Lebenskraft stärken. Nochmal: Das Fantastische ist, daß die moderne Technik dies durch Dezentralisierung und Vernetzung ermöglicht. Mit entsprechender Kommunikation kann sichergestellt werden, daß daraus nicht ein Mehr an Separatismus und Isolation entsteht.

Eine riesige Herausforderung ist die kulturelle Dimension. Technik und Wirtschaft führen uns zur Globalisierung. Aber werden wir mit unserem Denken damit fertig? Werden wir kulturell damit fertig? Wie antworten wir darauf?

Die fast grenzen- und horizontlose Welt führt in der Tendenz zu einem grenzenlosen Pluralismus. Dies zeigt die Entwicklung im Fernsehbereich. Der Mediensektor wird weiter expandieren: Durch die Technik der digitalen Kompression wird insbesondere die Zahl der Fernsehprogramme zunehmen. Einige hundert Programme sind technisch möglich. Ausschlaggebend ist jedoch, wie viele privat finanzierte Programme mit Werbung oder Abonnement (pay-tv) tatsächlich finanziert werden können. Die Politik hat darauf kaum Einfluß.

Gleichwohl stehen wichtige medienpolitische Entscheidungen an. Welche Rolle und welche Entwicklungsmöglichkeiten soll künftig der öffentlich-rechtliche Rundfunk haben? Die Union sollte dabei nicht einseitig auf die kommerziellen Sender setzen. Je mehr die privaten Fernsehprogramme spezielle Zielgruppenprogramme werden, um so mehr haben die öffentlich-rechtlichen Sender mit einem Vollprogramm eine wichtige gesellschaftliche und politische Integrationsaufgabe. (Schon jetzt entwickeln sich die großen Privatprogramme wie überregionale Tageszeitungen – sie suchen die Bindung bestimmter Zielgruppen; mit den weiteren Kanälen kommen die Spartenprogramme – vergleichbar mit Fachzeitungen bzw. Fachzeitschriften.)

Das besondere Profil der öffentlich-rechtlichen Sender muß die qualifizierte Information sein. Wenn sich jedoch Sender als politische Missionsanstalt verstehen, gefährden sie die Legitimation dieser Trägerschaft.

Die privaten Programmanbieter brauchen eine am internationalen Maßstab orientierte Entwicklungsmöglichkeit. Das gilt besonders für eine realistische Konzentrationskontrolle. Die SPD muß hier ihre ideologische Blockadehaltung aufgeben. Ansonsten steht uns eine österreichische Entwicklung bevor: Die Programme werden außerhalb des Landes produziert. Der Satellit kennt keine Ländergrenzen. Vordringlich ist auch eine Abgrenzung des Rundfunks mit seinen kulturellen Aufgaben zu den neuen Diensten. Hier dürfen wir uns nicht ein weiteres Mal durch enge Reglementierung blockieren.

Die Entwicklung der nächsten Jahre wird durch den Trend zur Multimedia geprägt werden; nicht zufällig war es das Wort des Jahres 1995. Der Begriff »Multimedia« kennzeichnet global ein Zusammenwachsen von Technologien und Märkten der Telekommunikation, der Informationsverarbeitung, der Unterhaltungselektronik und des Fernsehens. Es entstehen zahlreiche Anwendungen zur gleichzeitigen Informationsübermittlung und Nutzung von Sprache, Text, Daten, Musik, Film und Fernsehen. Der Computer wird zum Telekommunikationsmittel, der Fernseher enthält Rückkanäle, elektronische Zeitungen werden ermöglicht.

Welche Konsequenzen ergeben sich daraus für die Politik? Die Telekommunikation ist eine der wenigen Wachstumsmärkte mit neuen Arbeitsplätzen. Ihre Entwicklung darf nicht blockiert, sondern muß gefördert werden. Politisch relevant ist dabei auch, daß wir wahrscheinlich für Jahrzehnte unterschiedliche Informationsgewohnheiten haben werden! Die junge Generation nutzt die neuen Techniken. Jeder dritte Jugendliche zwischen 14 und 19 Jahren gehört zu den »Computerfreaks«; bei den 20- bis 34jährigen sind es 18 Prozent. Demgegenüber bleibt die heute mittlere und ältere Generation beim Gewohnten. Zumindest außerhalb des Berufslebens ist dies zu erwarten.

Das bedeutet nicht nur für Verleger Unsicherheit und kostspielige Doppelgleisigkeit – dies gilt auch für die Informationssysteme des Staates, zum Beispiel der Kommunalverwaltungen. Umfragen zufolge steht die Mehrheit der Bevölkerung der Entwicklung skeptisch gegenüber.

»Technologisch ist alles möglich. Doch psychologisch stößt die Medienrevolution an ihre Grenzen. Immer mehr TV-Programme, Videofilme und Computerspiele sowie eine wachsende Vielfalt von Möglichkeiten zu Tele-Shopping und Tele-Kommunikation machen auf die Konsumenten den Eindruck der Lawinenhaftigkeit. ›Man fühlt sich förmlich überrollt‹, sagt fast die Hälfte der Bevölkerung (48 %) in Deutschland. Und selbst mehr als ein Drittel aller Jugendlichen im Alter von 14 bis 29 Jahren (36 %) geben offen zu, daß mittlerweile die Medienflut ›kaum mehr überschaubar‹ sei.«

»In den Zukunftsvorstellungen der Bevölkerung fehlt der Medienwelt von morgen der echte Bezug zu den menschlichen Bedürfnissen und Wünschen. Viele Bundesbürger haben das Gefühl, daß die Industrie gar nicht wissen will, ob die Konsumenten das eigentlich alles haben wollen. So sind mittlerweile rund 22 Millionen Bundesbürger der Überzeugung, daß das Multimedia-Angebot nicht angenommen und abgelehnt wird, weil die Bürger ›es gar nicht haben wollen‹. Diese ablehnende Haltung ist bei den Bewohnern außerhalb der Großstädte und Ballungszentren besonders stark ausgeprägt.«

»Tele-Shopping, Bankgeschäfte und Reisebuchungen – alles soll vom Wohnzimmer aus zeitsparend möglich sein. Doch die Konsumenten sind Realisten: Auch Medienkonsum ›kostet‹ Zeit. Jeder zehnte Bundesbürger

(10 %) erhofft sich von den neuen Technologien einen zusätzlichen Zeitgewinn. Doch mehr als doppelt so viele (22 %) sind davon überzeugt: ›Es fehlt einfach die Zeit, davon Gebrauch zu machen.‹

»Hoffnungsvoll stimmt eigentlich nur, daß die junge Generation im Alter bis zu 34 Jahren die Multimedia-Zukunft deutlich positiver sieht.«

»Die Nachteile und Risiken der Medienentwicklung werden schwerwiegender eingeschätzt als die Vorteile und möglichen Chancen. Die Kluft zwischen Vision und Realität ist groß, weil sich die Multimedia-Industrie unerwartet mit einem Akzeptanzproblem des Konsumenten konfrontiert sieht. In der Vision ist alles möglich. In der Technik ist vieles machbar. Aber in Wirklichkeit geht es nur um zwei Fragen: Wo bleibt der Mensch? Und: Was will der Konsument?«

(Horst W. Opaschowski, Vortrag am 4. Juli 1995 in Düsseldorf)

Man sollte sich also von manchen Entwicklungen nicht zuviel erwarten. Informationsgesellschaft bedeutet nicht zwangsläufig »besser informiert«, sondern vielleicht mitunter eher »mehr verwirrt«.

Das große Problem der Informationsgesellschaft wird sicherlich sein, mit einem Überfluß an Informationen zu leben. In den vergangenen Jahrzehnten war es notwendig, vereinfacht formuliert, einen souveränen Lebensstil zu entwickeln bei einem Überfluß an materiellen Gütern. Auch das war nicht einfach. Ich erinnere mich an ein Bild, das Jean Forastié in seinem Buch »Die 40000 Stunden« einmal gebraucht hat. Er schrieb, man müsse sich vor Augen halten, daß die Mehrheit der Menschen sich eher in der Situation des Neureichen befände, der auch erst lernen müsse, mit seinem Reichtum zurechtzukommen.

Haben wir jetzt nicht schon länger eine Phase, in der die klassischen Statussymbole bei den Menschen nicht mehr die große Bedeutung haben, weil es sich viele leisten können, ein größeres Auto zu fahren oder einen Auslandsurlaub zu machen? Vieles hat sich normalisiert. Andere Werte in der Gesellschaft gewinnen langsam wieder an Gewicht.

Jetzt müssen wir lernen, in einer Welt des Überflusses an Informationen zu leben. Wir müssen damit so zurechtkommen, daß wir nicht am Schluß nur gemeinsam Verwirrte sind, sondern daß wir die neuen Möglichkeiten souverän nutzen und trotzdem nicht abhängig werden von der Überflutung, die damit verbunden sein könnte. Die Menschen dürfen nicht zu »Treibsand« werden.

Gerade die Konservativen müssen sich die Frage stellen: Was heißt Lebenskultur in einer Welt materieller Sattheit und des Informationsüberflusses, der Reizüberflutung?

Die Entwicklung zur Informationsgesellschaft führt im Bereich der Arbeitswelt zu einem besonders tiefgreifenden Umbruch. Durch den Vormarsch von Multimedia verändern sich die Berufsanforderungen und die Anforderungen an die Menschen. Nicht nur die High-Tech-Berufe, sondern auch die traditionellen Berufe in Handwerk und Mittelstand sind betroffen.

Es ist nicht absehbar, wie letztlich die Wirkung dieses Wandels auf die Arbeitsplätze sein wird. Zum einen entstehen neue Arbeitsplätze aufgrund neuer Dienste, Berufsbilder, Produkte und Branchen. Ebenso aber ist zu sehen, daß sehr viele bisherige Arbeitsplätze wegfallen. Aufgrund der bereits eingeleiteten Rationalisierungswelle und der strukturellen Veränderungen sind erhebliche Einsparungen zu erwarten. Es kommt hinzu, daß die gleichzeitig stattfindende Globalisierung zur Verlagerung von Arbeitsplätzen ins Ausland führen kann.

Neu ist, daß gerade auch bei qualifizierten Arbeitsplätzen Verlagerungen drohen. Aufgrund der zunehmenden internationalen Vernetzung ist es möglich, zum Beispiel auf die Leistungen von Software-Ingenieuren in asiatischen Ländern zurückzugreifen. Das heißt: Die Bindung von Firmen zum Standort Deutschland wird lockerer. Für die Ware »Information« spielen Grenzen und Entfernungen keine Rolle. Der Software-Ingenieur in München oder Berlin konkurriert mit dem gleichqualifizierten Kollegen zum Beispiel in Indien. Wer hätte dies vor fünf Jahren geglaubt?

Es besteht also durchaus die Gefahr, daß die möglichen Arbeitsplatzverluste höher sind als der zusätzliche Gewinn an Arbeitsplätzen. Gleichwohl gibt es keine Alternative zum Strukturwandel: Ohne eine offensive Nutzung der neuen Möglichkeiten hätte unsere Wirtschaft in kürzester Zeit mit erheblichen Beschäftigungsproblemen zu kämpfen. Die Telekommunikation bietet gegenwärtig die besten Arbeitsmarktperspektiven. Dies belegt auch eine dpa-Meldung vom 27. Dezember 1995:»»Der deutsche Markt für Informations- und Kommunikationstechnik expandiert kräftig. 1996 will die Branche um sieben bis acht Prozent auf etwa 160 Milliarden DM wachsen‹, sagte der Vorstandsvorsitzende des Bundesverbandes Informations- und Kommunikations-Systeme, Rudi Häussler, in einem dpa-Gespräch in Stuttgart. ›Mit diesem Wachstum liegen wir im Vergleich zu anderen Branchen an der Spitze‹, erklärte Häussler, der auch Chef der gleichnamigen Stuttgarter Unternehmensgruppe ist. Seine Branche lege rasch zu und wolle im Jahr 2000 der größte Wirtschaftszweig in Deutschland vor den bisherigen Spitzenreitern Automobilbau und Maschinenbau sein. ›Die Deregulierung im Telekommunikationssektor bringt uns einen starken Schub. Deutschland ist seit 1995 der größte Markt für Informations- und Kommunikationstechnik in Europa. Dienstleistungen entwickeln sich besonders dynamisch. Dazu gehören Netzwerkmanagement, Consulting, Training und Benutzerservice. Diese Sparte soll 1996 ebenso wie Softwareprodukte um acht Prozent wachsen. Bei der Telekommunikation ist ein Plus von 8,3 Prozent geplant‹, sagte Häussler mit Hinweis auf Zahlen des EITO (European Information Technology Observatory). ›Die Hardwaresparte erwartet ein Plus von knapp sechs Prozent‹.«

Das Thema »Arbeitswelt von morgen« rückt deshalb in den Mittelpunkt der Politik. Dabei stellen sich insbesondere folgende Fragen:
– Welche typischen Merkmale hat die »Arbeitswelt von morgen«?
– Welche Wirkungen hat die zunehmende Vernetzung auf die Organisation der Arbeitswelt?
– Welche Anforderungen bringen die neuen Berufsbilder mit sich und wie kann ihnen Rechnung getragen werden?
– Welche Konsequenzen ergeben sich für das Bildungswesen, insbesondere für die berufliche Bildung?
– Wie lassen sich die Beschäftigungsrisiken begrenzen?

– Wie kann den Menschen geholfen werden, die den steigenden Anforderungen in der Arbeitsgesellschaft nicht mehr gerecht werden?

Von den richtigen Antworten auf diese Fragen hängt es entscheidend ab, ob wir die sich abzeichnenden Probleme des Arbeitsmarktes entschärfen können – nicht zuletzt mit Blick auf die gesellschaftspolitischen Konsequenzen. Eine kulturpessimistische Verweigerung hat dabei ebensowenig Gestaltungskraft wie eine kritiklose Faszination der technischen Möglichkeiten. Wir müssen prüfen: Was ist unaufhaltsam – was ist beeinflußbar?

Der Wandel zur Informationsgesellschaft ist ebensowenig aufzuhalten wie es der Wandel von der Agrar- zur Industriegesellschaft war. Die Erfahrung der Vergangenheit zeigt, daß es innerhalb dieses Großtrends durchaus Gestaltungsmöglichkeiten gab und auch in Zukunft geben wird.

Die Grenzen und Krisen der Wohlstandsgesellschaft

Auf ihren Beitrag zur Entwicklung unseres Wohlstands sind CSU und CDU mit Recht stolz. Sie werden weithin mit diesem Erfolg identifiziert. Deshalb fällt es uns manchmal auch schwer, die immer sichtbarer werdenden Kehr- und Schattenseiten dieser Entwicklung unvoreingenommen aufzunehmen und die notwendigen Schlußfolgerungen zu ziehen. Sicherlich auch deshalb, weil viele Probleme erst nach Jahren allmählich sichtbar geworden sind.

Sollte es aber gerade einer konservativen Partei nicht leichter fallen als anderen Kräften, auch die Rückseite der Medaille zu sehen? Schon die Lebenserfahrung sagt, daß kaum etwas nur mit Vorteilen verbunden ist. In der heutigen Zeit gilt dies verstärkt: Je komplexer die Welt wird, um so häufiger haben wir es mit unerwarteten Nebenwirkungen zu tun.

Keinesfalls dürfen die Konservativen die kulturkritische Begleitung der gesellschaftlichen Entwicklung anderen Kräften überlassen, weder nur konservativ-konservierenden, noch nur kulturpessimistischen und schon gar nicht nur destruktiven Kräften. Es kann nicht geleugnet werden, daß zuviel aus dem Gleichgewicht geraten ist und daß es deshalb zu den großen Aufgaben zählt, neue Balancen zu finden, etwa zwischen Ökonomie und Ökologie, zwischen Selbstbestimmung und Solidarität, zwischen wirtschaftlicher Entwicklung und sozialstaatlichem Ausgleich, um nur einige Beispiele zu nennen.

Manche Konservative sind zu reinen Technokraten geworden; in der Abwehr der grundsätzlichen Gegner und der ideologischen Kritiker unserer Gesellschaftsordnung sind sie »blind« geworden gegenüber den Schattenseiten unserer Entwicklung. Sich selbst korrigieren – das ist und bleibt das Schwierigste.

Um nicht von einem Extrem in das andere zu verfallen, dürfen wir aber nie außer acht lassen, was uns die Entwicklung zur Wohlstandsgesellschaft an Chancen für unsere persönliche Lebensentfaltung und an gesellschaftlicher Weiterentwicklung gebracht hat. Bei allen Problemen sollten wir nicht vergessen, daß wir die erste Generation (die Jüngeren die zweite) in der langen Menschheitsgeschichte sind, in der auch der »Normalbürger« nicht mehr seine ganze Lebenskraft darauf verwenden muß, überhaupt zu überleben. Erst dies gibt den Freiraum zur Entfaltung vieler Fähigkeiten, und erst dadurch wurde die soziale Durchlässigkeit möglich und die Abhängigkeit der Lebenschancen von Geburt und Stand überwindbar. Noch immer gehören wir zu der Minderheit der Weltbevölkerung, die in dieser glücklichen Situation ist. Die überwältigende Mehrheit muß nach wie vor tagtäglich um das Überleben ringen. Dies macht deutlich, was wir der Industriegesellschaft und der Entwicklung zum individuellen und gesellschaftlichen Wohlstand verdanken.

Wo zeigen sich die Kehr- und Schattenseiten der Wohlstandsgesellschaft besonders?

Orientierungskrise

Das geistige Klima im Land ist weithin von tiefgreifenden Orientierungskrisen geprägt. Sinnkrisen sind, so formulierte kürzlich jemand in einer Diskussion, ein »Luxusartikel«, ein »Luxusproblem«, das erst auftaucht, wenn der Mensch nicht mehr mit der Befriedigung der elementaren Grundbedürfnisse in Anspruch genommen ist. Der international renommierte Nationalökonom John Maynard Keynes hat schon vor Jahrzehnten geschrieben:

»Wenn die wirtschaftlichen Probleme (der Überlebenskampf) gelöst sind, wird der Menschheit damit ihr traditionelles Ziel genommen. Zum ersten Mal seit der Schöpfung wird der Mensch mit seinem eigentlichen, ständig vorhandenen Problem konfrontiert werden: Was fängt er an mit dem Freisein von drückender Existenznot? (...) Es ist dies ein beängstigendes Problem für jeden Menschen, der über keine besonderen Talente verfügt, mit denen er sich beschäftigen könnte, insbesondere dann, wenn er nicht mehr in der Natur, der Gewohnheit oder den liebgewonnenen Konventionen einer traditionellen Gesellschaft verwurzelt ist.«

(John Maynard Keynes, Essays in Persuasion, London 1933)

Nun wird deswegen niemand die Lösung dieses Problems durch die Rückkehr in Notlagen propagieren wollen. Es gilt also, eine neue Entwicklungsetappe auch geistig und ethisch zu bewältigen. Dies kann nicht einfach das Zurückkehren zu alten Strukturen und die unreflektierte Übernahme alter Werte bedeuten. Die Politik hat hier enge Grenzen; sie kann nicht Ersatz für die sinnstiftenden Institutionen, etwa die Religionsgemeinschaften, sein.

Die ernüchterndsten Diagnosen über unsere Innenverfassung kommen aus der Trend- und Zukunftsforschung.

»Die Institutionen, die bislang die Weitergabe von moralischen Normen prägten – Kirchen, Schulen –, haben weitgehend an Einfluß verloren, Vorbilder, Helden, moralische Systeme gibt es nicht mehr. Politiker sind nur noch Projektionsleinwände für die Abarbeitung von Frust und Unlust.«

(Matthias Horx, Trendbuch. Der erste große deutsche Trendreport, Düsseldorf 1993)

Im ausgehenden zwanzigsten Jahrhundert hat die Überflußgesellschaft mit dem Wahn des Übermaßes zu kämpfen. Vielleicht empfand Blaise Pascal, selbst vom »Elend des Menschen ohne Gott« überzeugt, schon vor über 300 Jahren den Erlebniswahn einer freizeitorientierten Konsumgesellschaft vorweg:

»Kein Übermaß ist sinnlich wahrnehmbar. Zu viel Lärm macht taub; zu viel Licht blendet; was zu weit ist und zu nah ist, hindert das Sehen... Das Übermäßige ist uns feindlich und sinnlich unerkennbar. Wir empfinden es nicht mehr, wir erleiden es.«

(Blaise Pascal, Über die Religion und einige andere Gegenstände [Pensées]. Übertragen und herausgegeben von Ewald Wasmuth, Heidelberg 1972).

Ein extremer Erlebniswahn zwischen Egoismus und Hedonismus, so Horst W. Opaschowski, mache die Menschen für nichtökonomische Werte zunehmend blind und drohe die zwischenmenschlichen Beziehungen und sozialen Zusammenhänge zu schwächen, vor allem den Zusammenhalt in der Familie zu zerstören. Im Umgang mit dem Übermaß an Wohlstand und Überfluß hätten viele Menschen zunehmend Schwierigkeiten. Die »abhängig Beschäftigten« der Arbeitsgesellschaft hätten es bisher versäumt, sich persönlich weiterzuentwickeln. Sie seien eher Freizeitanalphabeten geblieben, das heißt sie leiden unter ihrem Unvermögen, im arbeitsfreien Teil des Lebens ideenreich, eigeninitiativ und sozialverantwortlich tätig zu sein. Wenn wir die Nach-Überflußgesellschaft noch erleben und überleben wollten, müßten wir mehr in unsere persönliche, insbesondere soziale Weiterbildung investieren. Sonst stünde am Ende einer narzißtischen Konsumgesellschaft nicht das ersehnte Paradies, sondern eher eine inszenierte Game-Show kinderloser Egomanen, die in ihrem Leben nichts verpassen wollten.

»Welche Wege müssen wir gehen, um aus dieser Krise der Wohlstandsgesellschaft herauszufinden? Wir müssen erstens unsere materialisierte Lebenshaltung überdenken. Sich ›ein wenig‹ bescheidener geben, reicht allein nicht aus. Die Konsumgesellschaft muß endlich einen Anspruch auf Lebensqualität einlösen, wenn sie eine Zukunft haben will. Das heißt: Wir müssen Abschied nehmen von der Illusion grenzenlosen Wohlstands und wieder in uns hineinhorchen.«

»Tragen Konsumangebote wirklich zu unserem persönlichen Wohlbefinden bei oder lassen sie uns aus dem inneren Gleichgewicht geraten? Fördern Konsumangebote das Zusammensein in Partnerschaft, Familie und Freundeskreis oder wirken sie eher gemeinschaftsschwächend? Ermöglichen Konsumangebote unbeschwerten Naturgenuß in intakter Umwelt oder verursachen sie eher irreparable Schäden? Lassen sich Konsumangebote mit unseren persönlichen Bedürfnissen und Interessen verbinden oder verhindern sie gar eine persönliche Weiterentwicklung.«

(Horst W. Opaschowski, Vortrag am 4. Juli 1995 in Düsseldorf)

Die Freiheiten der Wohlstandsgesellschaft haben zu neuen Versklavungen geführt. Die Lösung aus dieser Versklavung kann nicht durch politische Entscheidungen erfolgen.

Gerät das Bild zu pessimistisch? Es gibt jedenfalls auch eine andere Wirklichkeit. Nicht wenige junge Menschen engagieren sich in der sozialen Arbeit. Sie bringen ihren Idealismus in Projekte ein, wo ihnen das Engagement sinnvoll erscheint. Gerade die junge Generation hat wichtige Pionierarbeit in der Behindertenhilfe, für den Umweltschutz und für das Engagement für und in den Entwicklungsländern erbracht.

Zu den wenig beachteten, aber wertvollen Wirklichkeiten zählt auch, daß 90 Prozent der Pflegefälle im häuslichen Bereich gepflegt werden. Zigtausende Betroffener, vor allem Frauen, stellen ihre beruflichen Interessen zurück und pflegen Angehörige. Diese Entwicklungen sind noch kaum im Blickfeld und im Bewußtsein der Öffentlichkeit. Aber es sind ermutigende Wirklichkeiten. Aufgabe der Politik ist es, diese Kräfte zu stützen und zu fördern. Hier liegen Fundamente für den Aufbau notwendiger Kurskorrekturen.

»Die Bürger der West-Gesellschaften sehnen sich nach einer Tugend-Debatte«, formulierte der »Guru« des Kommunitarismus in den USA, der Soziologe Amitai Etzioni, in einem Spiegel-Interview am 4. März 1996). »Wir greifen nur auf, wonach es Bedürfnisse gibt. Das sollten wir nicht religiösen Eiferern oder den Sekten überlassen.«

Die deutsche Situation beschreibt Amitai Etzioni so:

»Ein Indikator für den moralischen Zustand einer Gesellschaft ist die Charaktererziehung innerhalb der Familie oder in Einrichtungen, die sich darum kümmern. Andere Anzeichen sind die Zunahme von Kriminalität, Drogen, Alkoholmißbrauch, Mißbrauch des Steuer- und Sozialsystems, Abwendung von der Politik oder Mißtrauen gegen die Regierenden. Diese Dinge stehen auch in Deutschland nicht zum besten. Die große geistige Erneuerung hat hier nicht stattgefunden.«

(Amitai Etzioni, in: Der Spiegel, 4. März 1996)

Die christlichen Kirchen sind ebenfalls in einer tiefgreifenden Krise. Für den Glauben und für die Kirchen ist das Leben in einer Wohlstandsgesellschaft auch eine neue historische Dimension, die noch nicht bewältigt ist. Mit Blick auf die Sinn- und Orientierungskrisen wird oft das Versagen der christlichen Kräfte thematisiert. Dies ist grundsätzlich nicht falsch, wird andererseits auch leicht zur vordergründigen Schuldzuweisung. Wer ist damit letztlich gemeint?

Jeder einzelne wird als Christ die Erfahrung machen, daß es unter den Bedingungen dieser Zeit nicht leicht ist, den Glauben weiterzugeben. Viele überzeugte, engagierte und glaubwürdige Christen müssen dies oft auch mit Blick auf ihre Kinder schmerzlich registrieren. Im übrigen werden mit der Diagnose »die Kirchen versagen« oft sehr unterschiedliche Erwartungen verbunden – von Anpassung an die moderne Welt bis zum Ruf nach der radikalen Alternative zu eben dieser. »Not lernt beten« ist eine allgemeine Lebenserfahrung, die gewiß auch ihre grundsätzliche Richtigkeit hat. Wenn das Leben aus dem Glauben heraus, wenn die Ausstrahlungskraft christlicher Gemeinschaften aber nur in schwierigen Zeiten oder gar nur in Notzeiten lebensfähig wäre, wäre dies sicher eine Verengung christlicher Existenz. Dies kann kaum dem Willen des Schöpfers entsprechen. Es führt deshalb nicht zum Ziel, wenn man den Wohlstand verteufelt, weil wir damit nicht sinnvoll fertig werden, sondern es geht um die sinnstiftende individuelle und gesellschaftliche Existenz in der Wohlstandsgesellschaft. Nicht die äußeren Voraussetzungen haben uns zwangsläufig in diese Krise geführt, sondern unser Unvermögen, mit den neuen Möglichkeiten sinnvoller umzugehen und ihre neuen und großartigen Möglichkeiten auch entsprechend zu nutzen.

Die Bewältigung der Orientierungskrise kann nur durch eine Neuorientierung erfolgen.

Die Folgen egoistischer Selbstverwirklichung

Zu den prägenden Veränderungen unserer Gesellschaft zählt die Entwicklung einer Selbstverwirklichung, die ihr Glück in der einseitigen Betonung der Freiheit, der Emanzipation von Bindungen und Verpflichtungen sucht.

»Mit der Individualisierung der Lebensstile geht eine Entsolidarisierung einher, die den notwendigen Zusammenhalt einer Gesellschaft auf Dauer gefährdet. Das Positive der individuellen Freiheit geht verloren, wo die Einbindung in den größeren Zusammenhang von Familie, Freundeskreis, ja bis hin zum staatlichen Gefüge nicht mehr wahrgenommen wird. Wo aber der Blick für das Ganze verloren geht, wird langfristig auch der einzelne orientierungslos. Er bricht alle Brücken hinter sich ab und ist ganz auf sich zurückgeworfen.«

(Udo Hahn, Sinn suchen – Sinn finden, Göttingen/Zürich 1994).

Das selbstbestimmte Leben ist eine der positiven Errungenschaften der modernen Gesellschaft. Eine Ideologie der Selbstverwirklichung, wie wir sie bei uns in extremer Weise in den letzten Jahrzehnten erlebt haben, wie sie kultiviert und propagiert worden ist, hat zu einer »Kulturrevolution« geführt. Egoismus ist immer mehr zu einem fragwürdigen Markenzeichen geworden. »Selbstverwirklichung« vor allen anderen Ansprüchen, auch vor dem Lebensrecht des anderen – das ist einer der geistigen Scheidewege unserer Zeit – vom Schutz des ungeborenen Lebens bis zur sogenannten aktiven Sterbehilfe.

Mit dieser Entwicklung verbunden ist auch ein immer stärkerer Rückzug in das Private und eine Reduzierung des öffentlichen Interesses auf die eigene Betroffenheit – hin zu einer »Betroffenheitsdemokratie«. Der notwendige Gemeinsinn als »innerer Kitt« einer Gesellschaft ist im Schwinden begriffen. Sozialbindungen sind verloren gegangen. Menschliche Institutionen wie Familie und Nachbarschaft haben an Bedeutung eingebüßt. Diese Entwicklung bedroht mittlerweile unser Gemeinwesen von innen her. Damit werden auch die ethischen Grundlagen des Sozialstaates ausgehöhlt.

Als Folge dieser geistigen Krise verändern sich die Strukturen unserer Gesellschaft. »Die Gesellschaft«, so der Soziologe Ulrich Beck, »hat sich in den vergangenen Jahrzehnten zu einer ausgeprägten Individualisierung von Lebensstilen entwickelt« (Stern, 52/1993). So sind etwa die Single-Haushalte auf dem Vormarsch. Vor allem in den Großstädten wird ihre Zahl ständig größer. Die Beständigkeit von Beziehungen nimmt immer weiter ab; jedes vierte Kind wächst heute schon ohne seine Mutter oder ohne seinen Vater auf. Die Zahl der Alleinerziehenden nimmt dramatisch zu. Das heißt aber auch: Während früher die Familie und die Familienbindung einen Teil der sozialen Absicherung übernahmen, wird dies heute auf den Staat und die Solidargemeinschaften verschoben.

Die Wurzeln dieser Entwicklung führen weit zurück.

»In einer Welt der Rationalität bleibt die menschliche Persönlichkeit im Käfig ihrer Denkzwänge eingesperrt. Für die Daseinsorientierung gilt nur jene Erkenntniskraft, die aus der rationalen Weltbetrachtung fließt.«

»Der Geist der Aufklärung hat zu einer falsch verstandenen Souveränität in der Selbstbewertung des abendländisch-europäischen Menschen geführt. Aus diesem Geist ist ein ratiozentriertes, materialistisches Menschenbild hervorgegangen, das seine Schleier in der Gegenwart endgültig gelüftet hat.«

»Die materialistische Anthropozentrik entheiligt die menschliche Persönlichkeit, weil sie das Wunsch- und Lustprinzip als die eigentlichen Verwirklichungsinhalte eines erfüllten Lebens konzipiert.«

»Die Fixierung der menschlichen Persönlichkeit auf ihr eigenes Ich läßt sie in eine gefährliche Selbst-Entfremdung hinabgleiten. Mit diesem Abstieg wächst die Abhängigkeit von weltlichen Werten, die letztlich innere Disharmonien hervorbringen. Denn: ›Das persönliche Dasein profaniert sich selbst, wenn es Lust, Prestige, Bequemlichkeit, Konsumieren als nahezu absolute Werte seines Lebenswillens propagiert. Dadurch wird Leben wollen zu einem gnadenlosen Kampfziel, das den praktischen Materialismus in das Zentrum des heutige Zeitgeistes rückt.‹«

(Baldur Kirchner, Dialektik und Ethik, Wiesbaden 1992)

Eine zugespitzte Ausformung des propagierten Zieles »Selbstverwirklichung« haben wir in der »antiautoritären Erziehung« erlebt.
Aus Anlaß der Rostocker Krawalle zog die Abgeordnete der Grünen im Landtag von Nordrhein-Westfalen, Beate Scheffler, eine bittere Bilanz:

»Die Jugendlichen von heute sind unsere Kinder, unsere Schülerinnen und
Schüler, sie sind auch das ›Produkt‹ unserer Erziehung. (...) Es war unsere Revolte, die viele Wertesysteme hat zusammenbrechen lassen. Waren
wir es nicht, die gegen alle Normen angekämpft haben? Wir haben jede
Autorität in Frage gestellt, wollten die Familie am liebsten auflösen. (...)
Wir setzten möglichst wenige Grenzen, sprachen ungern Verbote aus,
mit denen sich die Kinder hätten auseinandersetzen müssen. (...) Statt der
mündigen, sozial und ökologisch engagierten, politisch hochmotivierten
Jugend hat unsere Erziehung eine Spezies hervorgebracht, die zum über-
wiegenden Teil egozentrisch, konsumorientiert und im schlimmsten Fall sogar gewalttätig und fremdenfeindlich ist. (...) Es macht mich ratlos, daß
rechtsradikale Gruppen einen derartigen Zuspruch bei Jugendlichen erfahren. Hier wird ihnen offensichtlich vieles geboten, was wir ihnen nicht
bieten konnten und wollten: Gemeinschaftsgefühl, Autorität und ein festes
Normengefüge.«   *(Beate Scheffler, in: Der Spiegel 4/1993)*

Selbst aus linksliberalen Kreisen, die die Konservativen noch bis
vor kurzem wegen ihrer Kritik am Zeitgeist und an manchen Fehlentwicklungen kritisiert und lächerlich gemacht haben, wird wieder der Ruf nach mehr Erziehung in der Schule laut. Man beklagt
die Auflösungserscheinungen einer nur liberalen Gesellschaft.

Die Spirale der Gewalt

Die zunehmende Welle der Gewalt schreckt auf. Nach Schätzun-
gen des Deutschen Kinderschutzbundes sollen jährlich mehr als
eine Million Kinder in Deutschland mit Gegenständen mißhandelt,
rund 150000 sexuell mißbraucht und etwa 1000 Kinder totge-
schlagen werden.

Anlaß für allergrößte Besorgnis ist, daß schon bei Kindern und Jugendlichen eine wachsende Gewaltbereitschaft festzustellen ist. Die Kriminalstatistik belegt, daß die Täter ständig jünger und brutaler werden. In Berlin werden nach einem Bericht der Tageszeitung »Die Welt« vom 10. Februar 1996 in jeder dritten Schultasche Waffen mitgeführt, Gaspistolen, Spring- und Klappmesser, Knüppel oder Sprühdosen. Erzieherinnen berichten vom zunehmenden Gewaltverhalten schon in den Kindergärten; vor allem, wenn am Montag der ganze »Schutt und Schrott der Gewalt im Fernsehen« seine Wirkung zeigt. Der Vandalismus gegen öffentliche Einrichtungen nimmt überall zu. An Straßenlaternen werden Leuchten zerschlagen, in Telefonzellen die Leitungen zerschnitten, die Telefonbücher zerfetzt und die Scheiben zertrümmert.

Die Indikatoren der Entwicklung sind eindeutig. Viel schwieriger ist die Klärung der Ursachen. »Wer keinen inneren Halt hat, ist verhaltensgestört. Er sucht dann um so mehr nach einem äußeren Halt«, schreibt der Erziehungswissenschaftler Peter Struck von der Universität Hamburg ebenfalls in der Tageszeitung »Die Welt« vom 10. Februar 1996. Die einschlägige Wissenschaft beschreibt Gewalt immer häufiger als Verhaltensstörung im Sinne hilfloser Reaktionen von Seele und Körper junger Menschen, die mit ihren Reizbilanzen nicht mehr fertig werden. Es sei der Versuch, etwas von innen gegen die Über- oder auch Unterforderung von außen zu setzen. Die Lebensbedingungen einer großen Zahl, ja vielleicht der Mehrzahl der Kinder, geprägt von Übererwartungen einerseits und dem Mangel an Bewegung, Liebe, Ansprache, Körperkontakt und richtiger Ernährung andererseits, würden hier ihren Ausdruck finden. Allgemeiner Wertepluralismus führe zur erzieherischen Hilflosigkeit der Eltern und in der Folge zur Unfähigkeit der jungen Menschen im Umgang mit Konflikten. Deshalb reagierten sie mit Konflikten, Hyperaktivität und Rauschbedürfnissen. Und weil ihnen so wenig Grenzen gesetzt werden, suchten sie ihrerseits Grenzerfahrungen, um ihre Möglichkeiten auszutesten. Die in der jungen Generation immer vorhandene Abenteuerlust – der Reiz, das Verbotene zu tun – finde immer extremere Ausdrucksformen.

Der Staat muß mit seinen Maßnahmen für Sicherheit und Ordnung reagieren. Er kann damit aber letztlich nur Symptome kurieren, kann andere Menschen schützen, aber die Quelle dieser fatalen Entwicklung damit nicht austrocknen.

Ein Prozeß der Besserung und der Heilung kann nur einsetzen, wenn die tieferliegenden Ursachen nicht mehr tabuisiert werden: die mangelnde Wertorientierung, die Bedeutung der Erziehung im Bildungswesen, die Folgen der Auflösung sozialer Strukturen und die Leitprinzipien Beliebigkeit, Regellosigkeit und Vieldeutigkeit.

Wer diese Probleme wirklich angehen will, kommt an der Bedeutung der Wertorientierung und traditioneller Bindungen und Werte nicht vorbei. Denn die Alternative zur Gewalt ist in allen Lebensbereichen, beginnend beim Kleinkind bis zum Verhältnis der Völker untereinander, eine angemessene, kultivierte Konfliktlösungsstrategie. Wo dies nicht mehr gegeben ist, wird Gewalt zum Mittel der Kommunikation, im kleinen wie im großen.

Die Krise des Wohlfahrtsstaates – die Vollkostenrechnung

Diese Krise erleben wir in erster Linie in den Grenzen der Finanzierbarkeit, aber die Krise ist umfassend. Die ethischen Grundlagen des Sozialstaats, das rechte Maß von Eigenverantwortung und Solidarität, haben sich verflüchtigt. Der Sozialstaat wird durch die Fülle der Ansprüche stranguliert. Es wäre freilich zu kurz gegriffen, die Problematik auf die des Mißbrauchs zu reduzieren. Die Probleme liegen im Strukturellen.

Wir erhalten nun die Vollkostenrechnung für unsere Art zu leben. So ist der Mensch nicht mehr von der Geburt bis zum Tod in eine Familie oder in einen Familienverband eingebunden. Hilfe von außen wird erwartet, von der Kinderbetreuung bis zur Pflegesituation. Dies ist extrem kostspielig. Die entscheidende Aufgabe heißt nicht, diese Situation zu verändern. Wir haben nämlich gar keine andere Wahl. Das gravierende Problem liegt vielmehr darin, daß wir keine Vorstellung von den Kosten haben, die unsere Art zu leben verursacht. Das System ist undurchschaubar geworden. Kosten sind so wenig transparent, daß geradezu »kollektive Unverantwortlichkeit« gezüchtet wird.

Die Probleme konzentrieren und reduzieren sich aber nicht nur auf die Finanzierung. Der Sozialstaat ist zunehmend zu einer immer perfekteren oder scheinbar perfekteren Umverteilungsmaschinerie degeneriert. Fehlende menschliche Zuwendung kann aber durch staatliches Management oder das der Wohlfahrtsorganisationen, unterstützt von staatlicher Förderung, nicht ersetzt werden.

Der heutige Sozialstaat hat sich aus den Problemen der Industriegesellschaft entwickelt und in den Zeiten ständigen Zuwachses letztlich seine Möglichkeiten überschätzt. Wachsende Probleme in der Wirtschaft und auf dem Arbeitsmarkt, notwendige Begrenzungen der Kosten und die absehbare Veränderung der Altersstruktur bringen zusätzliche Probleme.

Die Kehrseite der Mobilität

Die Krise des Wohlfahrtsstaates erleben wir unmittelbar auch in Gestalt zunehmender Verkehrsprobleme. Die wachsende Mobilität, insbesondere durch den Individualverkehr, ist eine der großen Errungenschaften der vergangenen Jahrzehnte. Damit war es vielen Normalverdienern möglich, Lebensbereiche zu erschließen, die ihnen vorher verschlossen waren. Darüber hinaus war die Entwicklung des Verkehrs eine Grundvoraussetzung für die Entwicklung gleichwertiger Lebensbedingungen im ganzen Land. Nun droht der Segen zum Fluch zu werden. Die Mobilität ist Fortschritt und Plage zugleich.

Über Jahrzehnte war die Verkehrspolitik davon geprägt, daß vorhandene Strukturen isoliert voneinander weiter ausgebaut wurden. Hier hat sich in den vergangenen Jahren bereits einiges verändert. Es stehen jedoch riesige Aufgaben in der Bewältigung und Organisation des Verkehrs ins Haus. Ein umfassendes Verkehrsmanagement ist notwendig. Es darf sich nicht nur auf die modernsten technischen Möglichkeiten der Vernetzung und des Miteinanders konzentrieren, sondern muß gleichzeitig auch umfassende Gesellschaftspolitik und vor allem Umweltpolitik bedeuten.

Neue Forschungen zeigen, daß wir auch bei diesem Problem mehr nach den gesellschaftlichen Hintergründen fragen müssen, daß Technik und Organisation allein für das Verständnis der Situation und die Lösung der Probleme nicht genügen:

»Die massenhafte Freizeitmobilität in Deutschland hat viele Ursachen. Mit Natursehnsucht allein läßt sich diese Massenbewegung nicht erklären. Nur knapp jeder fünfte Bundesbürger (18 Prozent) fährt los, um ›im Grünen‹ zu sein. Wichtiger aber sind das Abwechslungsbedürfnis, der Wunsch nach Veränderung, das Aktivitätsbedürfnis, die Unternehmungslust sowie die Neugier, die Sehnsucht nach Neuem. Haus und Wohnung können noch so gemütlich, das Wohnumfeld noch so lebenswert und die Stadt noch so attraktiv sein, das ›Raus‹- und ›Weg‹-Bedürfnis bleibt unverändert stark. Freizeit, Wohlstand und Massenmotorisierung in Verbindung mit den Verheißungen einer vielfältigen Erlebnisindustrie lassen die Menschen nicht mehr zur Ruhe kommen.«

»Mit der Freizeitmobilität rückt in einer Gesellschaft, die immer schon rastlos war, zusätzlich das Element der Erlebnisorientierung in den Vordergrund. Die Neigung wächst, für den Augenblick zu leben. Diese ›Jetzt-Generation‹ schwelgt in spontanen und impulsiven Bewegungserlebnissen. Die Sehnsucht breitet sich aus, ständig ›auf Achse‹ und ›in action‹ zu sein. Die Freizeitmobilität macht das ›Nomadisieren‹ zum Lebensstil. Und die Freizeitorte entwickeln sich zunehmend zu Sammelplätzen für moderne Nomaden – umgeben von einer Aura der Ruhelosigkeit und einer Atmosphäre der Unbeständigkeit. Dies hat zur Folge: In der freizeitmobilen Gesellschaft der Zukunft wird es immer schwerer, soziale Wurzeln zu schlagen. Mit der wachsenden Freizeitmobilität der Menschen wächst auch die Sehnsucht nach Rast, Ruhe und Verwurzelung: ›Gib mir Wurzeln, denn ich habe keine...‹«

(Horst W. Opaschowski, Vortrag am 4. Juli 1995 in Düsseldorf)

Die Umweltprobleme – lokal und global – markieren besonders deutlich die Kehrseiten der Wohlstandsgesellschaft. Dies gilt, obwohl auch die armen Länder ihre ganz spezifischen und zum Teil rapid wachsenden Umweltprobleme haben. Wenn man jedoch bedenkt, mit wieviel Umweltbelastung unser jeweiliger individueller Lebensstandard verbunden ist, wieviel Luftverschmutzung wir im Vergleich zu einem Afrikaner oder einem Südamerikaner durch unseren Energieverbrauch und unsere Mobilität produzieren, dann ist klar, daß wir hier für uns selbst und in der Verantwortung für die ganze Welt gigantische Aufgaben vor uns haben.

Die Aufgabenstellung heißt also nicht »Polemik« oder »Abkehr von der Wohlstandsgesellschaft«, sondern Suche nach neuen Gleichgewichten, damit dieser Wohlstand auch dauerhaft lebensfähig ist und gleichzeitig die ganze Erde eine gute Zukunft hat.

Gefährliche Bruchstellen

Es ist überall zu spüren: Die Belastbarkeit unserer Gesellschaftsordnung ist bis zum Zerreißen angespannt. Nicht nur im Finanziellen genügen schon relativ kleine Veränderungen, etwa ein leichter Konjunkturrückgang, um gefährliche Belastungsproben heraufzubeschwören, um Risse im System sichtbar zu machen. Es besteht kein Zweifel: Wir haben die Grenze unserer Art zu leben erreicht.

Wir dürfen die Augen vor der Realität nicht verschließen. Vor allem müssen wir erkennen, daß sich gefährliche Bruchstellen abzuzeichnen beginnen. Die Sinn- und Orientierungskrisen gefährden die notwendigen gemeinsamen Grundlagen für die notwendige Handlungsfähigkeit.

Die Geschwindigkeit des Wandels überfordert immer mehr Menschen und führt zu Gegenreaktionen, die in politischen Protestbewegungen bis hin zu Protestparteien, in Fundamentalismen unterschiedlichster Art sowie in Polarisierungen der Gesellschaft sichtbar werden. Die »Modernisierungs-Verlierer« fühlen sich vernachlässigt, beginnen sich zu artikulieren. In der Arbeitswelt könnte sich rasch eine Kluft zwischen Arbeitsplatzbesitzern und Arbeitslosen entwickeln.

Die große innere Stabilität, wie sie die Bundesrepublik Deutschland seit ihren Anfängen charakterisiert, war vor allem durch ihren starken sozialen Ausgleich und eine funktionierende Sozialpartnerschaft geprägt. Die sich abzeichnende Arbeitswelt zeigt viele Tendenzen einer größeren Differenz in den Einkommen, Tendenzen zu einer Zweidrittel-Gesellschaft oder Dreiviertel-Gesellschaft. In der großen Bandbreite der Verdienstmöglichkeiten in den Dienstleistungsberufen wird dies besonders deutlich.

Die Entwicklungstendenzen bei den Vermögen signalisieren sozialen Sprengstoff. Alle reden von der »Erbengeneration«, aber nur etwa die Hälfte der jungen Generation zählt zu den Erben. Damit wird mittelfristig für diese Generation die Diskrepanz der Vermögensverhältnisse gewaltig.

Die Solidargemeinschaft des Generationenvertrages wird immer höheren Belastungen und Spannungen ausgesetzt. Allein schon aufgrund der demographischen Entwicklung wird die Zahl der Leistungsempfänger immer größer und damit auch die Belastung der Leistungserbringer, der aktiven Erwerbsbevölkerung. Wie lange wird die Generation der Beitragszahler eine solche Entwicklung noch hinnehmen, wann wird sie sich verweigern? Dies gilt nicht nur für die Alterssicherung, sondern auch für die sozialen Transfers in den übrigen Sozialsystemen. Eine einseitige »Option für die Armen«, ein einseitiges Engagement für die Leistungsempfänger, wie sie etwa auch in dem Diskussionspapier der Kirchen »Zur sozialen und wirtschaftlichen Lage in Deutschland« (1995) postuliert wurde, heizt diesen Konflikt an. Es geht um Solidarität mit Leistungsempfängern *und* Leistungserbringern!

Diese kleine Auswahl sich abzeichnender Konfliktzonen zeigt, daß vieles aus dem Gleichgewicht gerät, eine kraftvolle Neuordnung notwendig ist. Diese kann jedoch nicht gelingen nur durch Sparen, durch finanztechnische oder organisatorische Veränderungen.

Die grundlegende Voraussetzung ist eine geistige Bewältigung durch eine gründliche und zutreffende Analyse der Situation und einen konzeptionellen Entwurf für den Weg in die Zukunft. Dieser Weg ist gerade in einer Umbruchzeit naturgemäß von vielen Unsicherheiten begleitet. Wer sich aber deshalb nicht auf den Weg macht, keinen Plan entwirft und im sicheren Lager bleibt, wird mit Sicherheit die Zukunft verspielen.

II.
Grundlagen liberal-konservativer Politik

Das Notwendige verständlich machen und danach handeln

Der französische Premierminister Alain Juppé hat während der Streiks im Dezember 1995 erklärt, das Volk sei auf die notwendigen Veränderungen zu wenig vorbereitet. Wer hätte dies leisten müssen?

Die Zukunftsfähigkeit der Industriestaaten hängt entscheidend von ihrer politischen Kultur, von der Qualität der politischen Kommunikation ab. Polarisierung, Konflikt, Brüche – oder Reformfähigkeit, Veränderungen in einem ausreichenden Konsens; es hängt entscheidend vom Gelingen des Meinungsaustausches und von der Information, von der Bereitschaft zum gemeinsamen Handeln ab, wie wir der ersten oder der zweiten Alternative gegenüberstehen.

Die politische Kommunikationskultur in unserem Land gibt mit Blick auf die anstehenden großen Aufgaben und die notwendigen Veränderungen Anlaß zu größter Sorge. In der Dreierbeziehung Politik – Medien – Bevölkerung hat dabei jede Gruppe Anlaß zu einer gründlichen Gewissenserforschung.

Wie stellt sich die Politik dar? Kritik an Parteien und Politikern ist wohlfeil. Gleichwohl wird man auch als Politiker zugeben müssen, daß das Erscheinungsbild der politischen Debatte nicht immer erhellend, zielführend und ansprechend ist.

Politische Wirkung ist entscheidend von der erzielbaren Medienwirkung abhängig. Damit ist die Versuchung übergroß, sich in erster Linie so zu engagieren und sich so auszudrücken, daß Medienwirkung erreicht wird. Am einfachsten ist dies mit Kritik an den eigenen Leuten, an der eigenen Partei erreichbar. In jedem Fall ist das Muster »Wer ist gegen wen« für die Resonanz erfolgversprechender als der fundierte Vorschlag, das Bohren dicker Bretter

(Max Weber). Trotzdem muß die Ethik politischen Handelns so stark sein, daß sich die politische Arbeit und die öffentliche Argumentation nicht auf dieses Wirkungsmuster verkürzt.

Der politische Meinungskampf ist ein Wesen der Demokratie, auch wenn das vielen Deutschen nach wie vor schwer verständlich ist. Es sollte jedoch mehr der Meinungskampf um den Sachvorschlag sein. Wagt sich jemand mit einem neuen Gedanken, der auch noch seine Schwächen haben mag, an die Öffentlichkeit, muß er damit rechnen, daß diese Situation vom politischen Gegner sofort genutzt wird. Also heißt das Motto: Vorsichtig sein, kein Risiko eingehen, nichts Neues und Originelles bringen.

Bei vielen Aktionen und Vorschlägen aus allen Parteien muß der Betrachter den Eindruck gewinnen, daß das Detail oft nicht in einen Rahmen, in ein Konzept eingebettet ist; daß dies jedenfalls meistens nicht erkennbar wird. Es scheint manchmal mehr oder minder zufällig zu sein, welche Akzente gesetzt werden. Innerhalb der Volksparteien, aber auch innerhalb der FDP und der Grünen, gibt es naturgemäß zunächst eine gewisse Bandbreite von Positionen zu einzelnen Sachproblemen. Für einen Bürger ist dies aber nicht erfrischend demokratisch, oder ein Zeichen von Diskussionsfreude, sondern verwirrend.

Bei manchen Äußerungen, etwa wenn es um die Reform des Sozialstaats geht, kann man auch den Eindruck gewinnen, daß Mutproben veranstaltet werden. Wer wagt den weitreichendsten Vorschlag, wer schmückt sich mit der Palme »Mut zur Wahrheit«?

Die Politik kann in einer solchen Umbruchsituation nicht die allseits ersehnten Sicherheiten, geschlossenen Konzepte und Zukunftsentwürfe liefern. Sie ist selbst in einem Lernprozeß. Bei ausreichender Distanz zum eigenen Bereich wird man aber kaum leugnen können, daß das gebotene Bild nicht überzeugend und orientierend ist.

Den Medien kommt eine Schlüsselrolle innerhalb der Demokratie zu. Nicht nur wegen des Wächteramtes (»Vierte Gewalt«, die ihrerseits ohne Kontrolle ist, weder von außen noch durch wirksame interne Mechanismen): Die Medien haben die entscheidende Rolle für die Vermittlung von Meinungen und Informationen.

Der Politiker selbst erreicht unmittelbar nur ganz wenige Leute; diejenigen, die in seiner Veranstaltung sind oder die ihn in einem Interview authentisch hören (wobei er das begleitende und oft sehr prägende Umfeld der Übermittlung einer Nachricht schon nicht mehr beeinflussen kann).

Die Zahl der Medien nimmt zu – und damit auch der Wettbewerb um den Leser, Hörer und Zuschauer. Dieser Wettbewerb wirkt nicht unbedingt positiv im Hinblick auf den Transport von Informationen, zumal von komplizierten Sachverhalten. Unter Berufung auf die Gewohnheiten der Zielgruppe werden die Beiträge kürzer, Hintergrundanalysen und Einordnungen seltener, die »Päckchen« in den Nachrichten kleiner.

Die Tendenzen im Informationsverhalten der Bürger sind ebenfalls Anlaß zu großer Sorge. Mit der wachsenden Zahl von Fernsehprogrammen nimmt die Zahl derjenigen zu, die im Laufe eines Abends keine einzige Nachrichtensendung mehr sehen. Es ist immer häufiger festzustellen, daß die Bürger sich an den Informationssendungen vorbei »zappen«. An vielen Beispielen läßt sich belegen, daß sich Politiker um eingängige Information bemüht haben, die Adressaten aber nicht erreichen konnten und sie anschließend mit dem Vorwurf konfrontiert wurden, man hätte da doch rechtzeitig informieren müssen. In solchen Situationen beschleichen den Politiker Ohnmachtsgefühle.

Können wir angesichts dieser Realitäten in einem demokratischen Prozeß, der Meinungsaustausch, Freiwilligkeit und ausreichenden Konsens voraussetzt, die anstehenden Probleme überhaupt lösen? Trotz aller Probleme kann Resignation nicht die Antwort sein. Es bleibt nur das beharrliche Bemühen in vielen kleinen Schritten, das Notwendige zu tun.

Das Notwendige tun heißt in dieser Situation zunächst und vor allem, Informationen und Orientierung zu geben über die Dimension der Veränderung, über die notwendigen Schlußfolgerungen.

Dies ist die Aufgabe der Führenden, nicht nur der Politiker, sondern ebenso der Wissenschaftler, der Publizisten, der exponierten Repräsentanten der Wirtschaft. Kurzum: Alle, die Einfluß auf die öffentliche Meinungsbildung haben, sind gefordert. Es ist unredlich, diese Aufgabe nur bei den Politikern abzuladen.

Gegen diese skeptische Betrachtung mag man einwenden, daß doch gerade die politische Bewältigung der großen Umbrüche 1989/1990 mit dem Prozeß der Wiedervereinigung das Gegenteil belegt. Aber: Der große Unterschied zu der jetzt anstehenden Situation ist, daß nicht Ereignisse von außen für jedermann erkennbar zum Handeln zwingen, sondern daß die Korrekturen aufgrund hausgemachter Fehler notwendig sind. Dies ist ungleich schwieriger.

Die Erfahrung nicht nur in der Politik, sondern ebenso in der Wirtschaft und in anderen Lebensbereichen lehrt, daß wirksame Veränderungen und Reformen in der Regel erst möglich sind, wenn der »Leidensdruck« groß genug ist. Aber wann ist er groß genug? Wenn die Trümmer am Boden liegen?

Je frühzeitiger notwendige Veränderungen erkannt werden, um so geringer ist der Preis und um so erfolgversprechender sind Reformen. Wie auch immer, der Leidensdruck und der Handlungsdruck wird für die nächsten Jahre gegeben sein.

Die Analyse der verschiedenen Umbrüche unserer Zeit sowie der notwendigen Konsequenzen und Handlungsalternativen zeigt vor allem eines: Jede der skizzierten Aufgaben wäre schon genug, um als schwierige politische Wegstrecke zu gelten. Damit aber nicht genug: Die schier überwältigende Dimension der Herausforderung liegt im Zusammentreffen mehrerer tiefgreifender Veränderungen, von denen jede allein für sich schon eine gewaltige Aufgabe wäre. Es kommt hinzu, daß jeder Bereich in Wechselbeziehungen zu anderen steht. Dies führt zu noch größerer Komplexität.

Insbesondere der Zusammenbruch des Kommunismus, die Entwicklung zur Informationsgesellschaft und die zunehmende Internationalisierung unseres Lebens, vor allem die Globalisierung der

Wirtschaftsmärkte, stehen in enger Wechselwirkung. Selbst eine blühende Wirtschaft auf solidem Wachstumskurs mit stabilen Finanzen und gesunden Sozialhaushalten hätte damit ihre Probleme. Wir aber müssen gleichzeitig die Grenzen und Kehrseiten der Wohlstandsgesellschaft meistern.

Politische Führung ist unter diesen Rahmenbedingungen in besonderer Weise gefragt. Wer die nationale und die internationale Situation sowie die Entwicklungstendenzen beobachtet, stellt für unser Land eine große Spannung fest: Die Notwendigkeit von tiefgreifenden Veränderungen ist täglich mehr erkennbar – gleichzeitig ist unsere Situation von einem enormen Beharrungsvermögen und Besitzstandsdenken geprägt.

Bevor wir deswegen der Bevölkerung grollen, müssen wir uns allerdings fragen, ob wir die Situation entsprechend verständlich machen, um möglichst viel Zustimmung zu gewinnen. Jedenfalls werden die notwendigen Veränderungen ohne Geburtswehen und Konflikte nicht erreichbar sein. Dazu braucht die Politik klare Vorstellungen über das Notwendige und das Mögliche, aber auch den entsprechenden Mut und das notwendige Durchsetzungsvermögen.

Die Entwicklung der letzten Jahre gibt auch nicht Anlaß, nur pessimistisch zu sein. Gewiß gilt, daß erst mit einem gewissen Leidensdruck Veränderungen möglich sind. Aber unter dem Eindruck der Probleme auf dem Arbeitsmarkt sind in den Tarifverhandlungen bereits Teilerfolge erzielt worden. In Teilen der Gewerkschaften sind ein Umdenken und eine Flexibilität zu registrieren, wie sie vor fünf Jahren noch undenkbar gewesen wären.

Ein anderes Beispiel: Unsere Wirtschaft hat in einigen Technikfeldern eine erfolgreiche Aufholjagd absolviert und technologischen Rückstand aufgeholt. Bereiche der Computer- und Informationstechnik sind dafür ein Beispiel. Das bedeutet: Wenn wir die Zeichen der Zeit richtig deuten und daraus die richtigen Schlußfolgerungen ziehen, brauchen wir nicht pessimistisch zu sein.

Für die heute Verantwortlichen der CDU/CSU auf allen Ebenen gilt, daß sie wie ihre Vorgänger die Zeichen der Zeit wieder richtig erkennen und dann danach handeln müssen. Politische Führung bedeutet mehr denn je: Das Notwendige verständlich machen und dann danach handeln.

Vor dem Handeln muß die gründliche Analyse stehen. Die politische Arbeit ist immer der Gefahr ausgesetzt, daß sie unter dem Druck des tagespolitischen Geschehens und dem Interesse der Medien für Konflikte und Aktionismus zu kurz kommt. Aus der unübersehbaren Fülle der Probleme und der Aufgaben sind aber die Grundlinien herauszuarbeiten, die Orientierung geben für die Handelnden und die Bürger. Für die Union sind dies in den kommenden Jahren die folgenden Schwerpunkte:

– die Wertorientierung unserer Politik am christlichen Menschenbild, abgestimmt auf die heutigen gesellschaftlichen Verhältnisse und die Aufgaben von heute und morgen;

– die Bereitschaft und die Fähigkeit zum langfristigen Denken und Handeln, aus Verantwortung gegenüber unseren Kindern und Enkeln;

– eine umfassende Politik für Innovationen in Gesellschaft, Staat und Wirtschaft;

– die ebenso konsequente Förderung der Kontinuität, der Tradition, des Gemeinschaftslebens, der Kultur, der Identität. Das »Pflegen der Wurzeln« ist erforderlich.

Unsere besondere Chance ist, daß uns die Finanzknappheit der öffentlichen Hand zu Veränderungen zwingt. Ohne diesen »Knüppel« würden wir die notwendigen Veränderungen kaum erreichen! Deshalb ist diese Knappheit mehr Chance als Bedrohung.

Die größte Aufgabe besteht in der notwendigen forcierten Modernisierung, in der Förderung der Kreativität und damit der Veränderung einerseits sowie andererseits in der notwendigen Verwurzelung in der Pflege von Kultur, Gemeinschaft und Identität. Dies müssen im Sinne eines politischen Konzepts die beiden gleichwertigen Seiten derselben Medaille sein. Sie müssen als Einheit gesehen werden. Dafür ist aber als Grundlage eine Wertorientierung notwendig, wie sie für die Union im christlichen Menschenbild und im konservativen Gedankengut prägend ist.

»In der großen Auseinandersetzung über die zukünftige Richtung unserer Gesellschaft gewinnt das Wort, das Nachdenken, das Erkennen der Zusammenhänge, das Sprechen darüber, der Wille, andere zu überzeugen, sein volles Gewicht. Ohne ein solches Engagement hat sich noch nie in der Welt eine geistige Wertordnung durchgesetzt oder behauptet.«

(Elisabeth Noelle-Neumann, in: »Welt am Sonntag«, 3.12.1995)

Rechts – Links?
Wo sind die Unterschiede?

Eine wachsende Zahl von Bürgern bekennt in den Umfragen, daß es nach ihrer Meinung keinen Unterschied mehr mache, wer regiert. Die Parteien seien voneinander kaum mehr zu unterscheiden. Die SPD habe sich, so in vertiefenden Gesprächen, in der Wirtschaftspolitik weitgehend den Positionen von CDU/CSU angenähert und sich mit der Sozialen Marktwirtschaft versöhnt. Die Unionsparteien hätten sich in der Sozialpolitik mehr den Positionen der SPD angenähert.

Wo liegen die Ursachen einer solchen Entwicklung – einmal unterstellt, daß diese Analyse zutrifft? Ist dies ein Ergebnis der Sachzwänge der modernen Gesellschaft, ist es das Ergebnis von programmatischen Schwächen der Parteien, der Schwindsucht von Ideologien und Weltanschauungen? Oder ist die Wahrnehmung geprägt von den seit Jahren gegebenen realen Mehrheitsverhältnissen in der Bundespolitik, in der die Bundestagsopposition im Bundesrat die Mehrheit hat und damit in vielen wichtigen Themen praktisch eine große Koalition regiert? Letzte Unterschiede werden häufig im Bundesrat, spätestens im Vermittlungsausschuß eingeebnet; ein Kompromiß wird erarbeitet, mit dem sich dann keiner mehr identifiziert, Profil wird weggehobelt. Für den Bürger ist das Ganze undurchschaubar.

Oskar Lafontaine hat mit seiner Wahl zum Bundesvorsitzenden der SPD verkündet, man wolle wieder bewußter Linkspartei sein. Was bedeutet dies? Ist es mehr als Taktik? Ist es Opportunismus, um mit der PDS bald Augenblicksmehrheiten und damit Regierungsfähigkeit zu erreichen? Trägt das Rechts-Links-Schema in unserer Zeit überhaupt noch?

Es mehren sich die Stimmen, die politisches Handeln nur noch in dem Pragmatismus von Sachzwängen sehen und deshalb eine

Entwicklung unserer Parteienlandschaft nach amerikanischem Muster für unausweichlich oder gar für wünschenswert halten. Zumal vielen eine solche Art von Politik als »vernünftig« gilt, weil sie angeblich »unideologisch« ist.

Wahr ist, daß »Linke« wie »Rechte« ihre spezifischen Defizite haben, häufig Gefangene ihrer bisherigen Denkstrukturen sind. Der Linken fehlt die Einsicht in die zentrale Bedeutung der persönlichen Verantwortung und die Grenzen gesellschaftlicher Veränderungsstrategien. Besonders drastisch hat sich diese Fehleinschätzung im Kommunismus erwiesen. Die Veränderungsfähigkeit der Menschen durch planmäßige Gesellschaftssteuerung wurde maßlos überschätzt, die Korrumpierbarkeit der selbsternannten Eliten, die die utopische Aufgabe leisten wollten, katastrophal verkannt. Der Rechten fehlt oft die Einsicht in die Bedeutung von gesellschaftlichen Strukturen für Fehlentwicklungen. Sie neigen leicht dazu, Mängel und Probleme den einzelnen Menschen als Schuld anzulasten sowie die Wirkung von Strukturen, die Notwendigkeit von Strukturveränderungen zu ignorieren.

Es wäre fatal, wenn die C-Parteien als Antwort darauf auch ihrerseits mit zunehmend pragmatisch-technokratischen Argumenten ihr Politikverständnis präsentieren würden. Gewiß gibt es etwa im Bereich des ökonomischen Wettbewerbs Daten und Fakten, die durch keine politisch-weltanschauliche Diskussion weginterpretiert werden können. Das war auch nie die Versuchung und die Gefahr der Christsozialen und Christdemokraten, sondern die der linken Ideologen. Wenn es um Schlußfolgerungen und Antworten auf die jeweiligen Situationen geht, wird man aber angesichts vieler Zielkonflikte und notwendiger Entscheidungen für Prioritäten ohne Wertvorstellungen nicht auskommen. Ein eklatantes Defizit in der Darstellung der zugrunde liegenden Werte und Ziele kennzeichnet deshalb auch häufig die politische Diskussion und Präsentation der Unionsparteien. Dies ist gegenwärtig insbesondere in der Wirtschafts- und Sozialpolitik spürbar.

Ein Beispiel: Wieviele Politiker auch aus den Reihen der Union machen noch den Unterschied zwischen der »Sozialen Marktwirtschaft« und einer »Freien Marktwirtschaft« deutlich? Wer stellt die Unterschiede entsprechend dar? Auch viele Unionspolitiker haben beinahe fasziniert die Wirtschaftspolitik von Ronald Reagan oder Margaret Thatcher beobachtet und für uns propagiert – in völliger Verkennung der gesellschaftspolitischen Negativwirkung einer solchen Wirtschaftspolitik, die eben deswegen im Widerspruch zum Wertegefüge der Sozialen Marktwirtschaft steht.

In der sozialpolitischen Diskussion ist Ähnliches zu beobachten. Die Repräsentanten der Union sind konsequenter und verantwortungsbewußter, wenn es um den finanziellen Aspekt geht. Im Grundmuster der Argumentation wird weithin derselbe Verteilungsstaat vertreten wie bei linksorientierten Gruppierungen; mehr Eigenverantwortung und mehr Eigenleistung werden allenfalls als unausweichliche Konsequenz finanzieller Engpässe dargestellt, aber nicht als Konsequenz von Wertvorstellungen.

Wenn sich Politik zunehmend nur noch pragmatisch und technokratisch darstellt, hat dies auch die besonders fatale Wirkung, daß sich insbesondere junge Leute, die einen Sinn und eine Wertorientierung im politischen Handeln suchen, dem Staat und der Politik immer mehr entfremden. Gerade die Besten gehen dann auf Distanz.

Das christliche Menschenbild bleibt Grundlage

Der Kompaß für das politische Handeln auf der Basis christlicher Wertvorstellungen ist und bleibt das christliche Menschenbild. Daraus lassen sich keine Rezepte ableiten, aber wichtige Grundprinzipien.

Es gibt vier zentrale Grundprinzipien, an denen wir uns orientieren müssen.

1. Die Unverletzlichkeit der Menschenwürde steht im Mittelpunkt des christlichen Menschenbildes. Damit unmittelbar verbunden ist das Recht auf Leben und körperliche Unversehrtheit. Dahinter steht das christliche Bild vom Menschen: Alles menschliche Leben ist einmalig und in seiner Würde unantastbar, weil es nicht aus sich geschaffen, weil es Ebenbild Gottes ist – einer Wirklichkeit, die unser irdisches Leben übersteigt.
Diese Rückbindung des Menschen in der Transzendenz auf Gott hin ist auch ein entscheidender Unterschied zu einer liberalen Position, wie sie im Entwurf für das neue Grundsatzprogramm der FDP beschrieben ist: »Seinen Sinn stiftet der einzelne Mensch selbst.« Religionen, Gemeinschaften, Medien und Parteien werden dabei als Sinnbildner in einem Markt der Vielfalt einer offenen Gesellschaft verstanden, die miteinander um die Lösung gemeinsamer Probleme und um die Gunst der Menschen ringen.
Woraus bestimmen sich die Maßstäbe und die Werte? Aus dem, was für die jeweilige Zeit am meisten marktgängig ist?
Eine besondere Bewährungsprobe für das Prinzip der Unverletzlichkeit der Menschenwürde kommt durch die Gentechnik auf uns zu. Schwierige Grenzsituationen zeichnen sich ab. Halten die bisher in Deutschland geltenden Grenzen – kein Eingriff

in die Keimbahnen des Erbguts –, wenn zum Beispiel Heilung von bislang unheilbaren Erbkrankheiten in Aussicht gestellt wird?

Der in der Verfassung niedergelegte Grundkonsens der Unverletzlichkeit der Menschenwürde muß Maßstab allen staatlichen Handelns bleiben. Er ist unverrückbares Fundament allen Zusammenlebens, wo auch immer der einzelne seine weltanschauliche oder politische Heimat hat. Dieses Grundrecht auf Menschenwürde muß jeder Person zukommen – ohne Rücksicht auf ihre persönlichen körperlichen, geistigen oder seelischen Eigenschaften oder auf ihre sonstigen Verhältnisse. Auch für das ungeborene Kind muß es gelten. Wert und Würde des Menschen sind unabhängig von Nationalität, Leistung, Alter und Gesundheitszustand.

Aus dieser Grundhaltung folgt zum Beispiel die Verpflichtung der Gesellschaft und des Staates, auch den behinderten Menschen anzunehmen, ihn zu tragen und – wo immer möglich – zu fördern. Aus dieser Grundeinstellung folgt ebenso unsere Toleranz gegenüber anderen ethnischen Gruppen. Die einzig wirksame Politik gegenüber Ausländerfeindlichkeit ist deshalb eine Rückbesinnung auf das christliche Menschenbild.

2. Das christliche Menschenbild geht von der Eigenverantwortung jedes einzelnen aus. Nach christlicher Überzeugung ist der Mensch für sein Leben selbst verantwortlich und zugleich mitverantwortlich für das Schicksal anderer. Verantwortung kann aber nur übernehmen, wer entsprechende Freiräume und Gestaltungsmöglichkeiten hat. Deshalb setzt Verantwortung immer auch Freiheit voraus.

Dies ist auch eine Botschaft gegen den in den westlichen Anspruchsgesellschaften latent verbreiteten Aberglauben, durch Politik könne man jedes Problem lösen, jede Gefahr abwenden, ja das Paradies auf Erden herstellen. Sie wendet sich aber ebenso gegen die freiheitswidrige totale Inanspruchnahme des Menschen durch die Politik, wie sie in totalitären Regimen geschieht.

Dies hat zum Beispiel Konsequenzen für die Wirtschaftsordnung. Die Soziale Marktwirtschaft ist die Wirtschaftsordnung, die dem christlichen Menschenbild am ehesten gerecht wird. Dem einzelnen läßt sie – unter Wahrung sozialstaatlicher Verpflichtungen – den größtmöglichen Freiraum. Sie basiert auf einem breiten Mittelstand, der ein Höchstmaß an Selbständigkeit bietet, und auf einer Berufsvielfalt, wie sie in keinem anderen Wirtschaftssystem vorkommt. Sie gewährleistet Konsumentenfreiheit, unternehmerische Freiheit, Freizügigkeit bei der Arbeitsplatz- und Wohnortwahl.

Die Freiheit des einzelnen hat aber dort ihre Grenzen, wo die Rechte anderer verletzt werden. Der »Freiraum« jedes einzelnen ist notwendig und wichtig, aber auch dabei geht es um die gemeinsame Freiheit aller, auch der vielen gesellschaftlichen Gruppen. Die Politik muß deshalb eine Ordnung der Freiheit suchen und finden.

Es kommt dabei entscheidend auf eine richtig verstandene Selbstverwirklichung an. Selbstverwirklichung ist ein hohes Gut. Die Gesellschaft und die Politik sollten – soweit es möglich ist –, dem einzelnen dazu den notwendigen Freiraum geben. Der entscheidende Aspekt der Selbstverwirklichung ist jedoch die Bereitschaft zur Arbeit an sich selbst, auch die Annahme der eigenen Grenzen. Dies ist etwas völlig anderes als nur die Befreiung, die Emanzipation von Pflichten und Bindungen.

Das christliche Menschenbild geht davon aus, daß Individualität und Sozialität zusammen die Person begründen. Selbstverwirklichung ist deshalb nur im Miteinander möglich.

3. Das christliche Menschenbild ist ein sehr realistisches Menschenbild. Es geht aus von der Begrenztheit, von den Fehlern und Schwächen des Menschen, von der Anfälligkeit für Versuchungen. In der Konsequenz muß auch eine Politik auf dieser Grundlage diesen Realismus zeigen und allen Utopien sozialistischer und anderer Ideologien über die grenzenlose Bildbarkeit und Gleichartigkeit des Menschen eine Absage erteilen. Eine besondere Konsequenz dieser Sicht ist auch, daß den

Menschen nicht Strukturen und Regelungen zugemutet werden, die eine Versuchung für gemeinschaftsschädliches Verhalten sind und auf die die Politik dann mit Appellen reagiert. Dies gilt zum Beispiel für die Sozialpolitik genauso wie für die Umweltpolitik.

Eine Politik, die ihrer Verantwortung gerecht werden will, muß den Menschen nehmen, wie er ist, nicht, wie er sein soll. Nur dann kann sie die Ziele, die sie sich selbst steckt, auch erreichen.

4. Das christliche Menschenbild bekennt sich zum Grundsatz der Solidarität. Den Schwachen und Benachteiligten in der Gesellschaft, denen, die sich nicht selbst helfen können, muß solidarische Hilfe zukommen. Solidarität ist dabei kein anonymer Auftrag, sondern auf den anderen Menschen bezogen, auf das jeweilige »Du«. Sie appelliert an die soziale Verantwortung des Stärkeren und an die Verantwortung aller im Hinblick auf die Sicherung der Zukunft durch entsprechende Investitionen.

Richtig verstandene Solidarität schützt den Schwachen, ohne ihn aber aus der Verantwortung für die Sicherung seines eigenen Unterhalts zu entlassen. Vor der Solidarität kommt die Subsidiarität, also der Grundsatz »Eigenhilfe vor Fremdhilfe«. Die angeblich totale Solidarität des Wohlfahrtsstaates, die den einzelnen von der Wiege bis zur Bahre bevormundet, ist strikt abzulehnen. Vielmehr muß nach Maßgabe von Subsidiarität und Solidarität das Gemeinwohl gesucht und gefunden werden.

Diese grundlegenden Prinzipien werden heute in vielfacher Weise verletzt.

Eine zentrale geistige Auseinandersetzung unserer Zeit ist der Konflikt zwischen Selbstbestimmungsrecht und Lebensrecht des anderen. Dies ist der Urgrund der Auseinandersetzung über den notwendigen Schutz des ungeborenen Lebens. Dabei mag man über die Rolle des Staates und die Bedeutung des Strafrechtes durchaus auch unter Christen unterschiedlicher Meinung sein; fundamental und zentral ist jedoch die nicht zur Disposition stehende Überzeugung, daß das Selbstbestimmungsrecht des einen nicht höherwertiger sein kann als das Lebensrecht des anderen.

Im Abtreibungsrecht ist es mit Mühe und Not noch gelungen, vor allem auch durch den Einsatz der CSU, dieses Grundprinzip im Gesetz aufrechtzuerhalten. Dafür wird nicht nur bei diesem Thema weiter gekämpft werden müssen. Ansonsten drohen hier ein Dammbruch und eine Entwicklung in eine zutiefst inhumane Gesellschaft.

Wie sehr wir in diese Entwicklung bereits verstrickt sind, zeigt die Tatsache, daß im Rahmen der Schwangerschaftsberatung Eltern heute massiv zugesetzt wird, abtreiben zu lassen, wenn eine Fruchtwasseruntersuchung ergibt, daß höchstwahrscheinlich ein behindertes Kind zu erwarten ist. Hauptargument: Es ist der Gesellschaft nicht zumutbar, die hohen Kosten für einen Behinderten aufzubringen, wenn dies vermeidbar ist. Und dagegen gibt es keinen Aufschrei! Die Entwicklung zur sogenannten aktiven Sterbehilfe ist ein weiteres Alarmzeichen. Hier ist aktive geistige Auseinandersetzung notwendig. Oder haben wir schon vergessen, daß auch die Nationalsozialisten ihr Euthanasieprogramm mit einem mitleiderregenden Film über das unsägliche Leid hoffnungslos Kranker vorbereitet haben?

Die Quelle dieser Fehlentwicklung ist die Selbsterhöhung des Menschen, der sich an die Stelle Gottes setzt. Nun kann man den Glauben nicht erzwingen – Gott sei Dank. Allen müssen wir aber immer wieder klarmachen, wie sehr wir in eine inhumane Gesellschaft gehen, wenn grundlegende christliche Prinzipien verraten werden. Hier geht es nicht um Christentum und Kirchenpolitik, sondern um die gemeinsamen Grundlagen einer humanen Gesellschaft.

Deutschland hat offenbar mehr als andere Länder in den letzten Jahrzehnten eine Art Kulturrevolution einseitiger Selbstverwirklichung erlebt. Dies mag eine Reaktion sein auf die frühere autoritätsgläubige, hierarchische und mit vielen unterdrückenden Mechanismen geprägte Gesellschaft. Wenn es daraus den Pendelschlag ins andere Extrem gab, so gilt es jetzt, die richtige Balance zu finden. Dabei ist es ganz offensichtlich, daß diese Fehlentwicklung der Selbstverwirklichung die Menschen nicht glücklicher gemacht hat. Die damit verbundene Hoffnung auf Glück, Zufriedenheit und Sinnerfüllung wurde enttäuscht. Das Ergebnis waren »Steine statt Brot«.

»Der Mensch entfaltet sein Menschsein erst, wenn er sich für jemand oder für etwas verantwortlich fühlt. Das gilt auch für die Gemeinschaft der Menschen, die Gesellschaft. Der Mensch, der sich in Beziehung setzt zu einer Person, einer Sache, einer Idee, lebt wesentlich. (...) Sinnverwirklichung läßt den Menschen von sich selbst absehen und macht den Blick frei für den Nächsten, für Situationen im gesellschaftlichen und politischen Leben, in denen er gefordert ist.«

(Udo Hahn: Sinn suchen – Sinn finden, Göttingen/Zürich 1994)

Wir müssen für unser Erziehungs- und Bildungswesen »durchbuchstabieren«, was dies in der Konsequenz bedeutet, was verändert werden muß. Eine zentrale Botschaft heißt: Erziehung zur Urteilsfähigkeit – nicht nur Erziehung zur Kritikfähigkeit. Auch eine Erziehung zur richtigen Gesinnung ist eine gefährliche Verkürzung. Auf die Urteilskraft kommt es an. Sie ist Voraussetzung für verantwortliches Verhalten und Handeln. Der Erziehung zur Verantwortung, zur Verantwortung für die eigene Lebensgestaltung und für die Mitmenschen muß wieder mehr Raum gegeben werden.

Im Sinne der vom christlichen Menschenbild ausgehenden Würde des einzelnen Menschen müssen wir wachsam analysieren, wo Menschenwürde heute besonders gefährdet ist. Im Gegensatz zur Nazidiktatur, aber auch zu früheren Entwicklungsphasen und anderen Gesellschaftssystemen, liegt die Bedrohung des einzelnen nicht mehr in erster Linie in den Übergriffen des Staates und unkontrollierter Willkür gesellschaftlicher Gruppen.

Immer mehr wird aber heute deutlich, von welch zentraler Bedeutung der starke, durchsetzungs- und handlungsfähige Rechtsstaat für den Schutz der Menschenwürde ist. Diesen Aspekt stellen wir in unserer Politik, in unserer Rechtspolitik, viel zu wenig dar. Weithin wird nur noch unverständlich juristisch und formal argumentiert, die sinnstiftenden Zielsetzungen im Sinne des Schutzes vor allem der Schwächeren und der Gemeinschaft werden nicht mehr verdeutlicht.

Diese Defizite müssen wir rasch aufarbeiten und unsere Argumentation im Sinne der sinnstiftenden Zielsetzungen des Rechtsstaates wieder verständlich darlegen, um eine gefährliche Entfremdung zum Rechtsstaat wieder abzubauen. Auch wenn es maßgebliche Kräfte der FDP und der SPD – von den Grünen ganz zu schweigen – und der Publizistik nicht begreifen wollen: Der notwendige Schutz der Schwächeren muß heute vor allem durch den Staat gegenüber neuen Formen der Gewalt erfolgen.

Die Entwicklung der Kriminalität ist beunruhigend. Gewalt gegen andere Menschen wächst vor allem dort, wo andere Menschen und anderes Leben abgewertet, als minderwertig betrachtet werden. Typisch dafür ist das Liedgut rechtsradikaler Gruppen, das sich gegen Türken und andere Ausländer genauso wendet wie gegen Behinderte. Auch in der Realität der Gewaltanwendung kennt dieser Radikalismus keinen Unterschied. Dies ist insoweit logisch, als er die gleiche Wurzel hat – gegen »minderwertiges Leben« gibt es keine ausreichenden Hemmschwellen.

Eine konsequente Politik der inneren Sicherheit ist deshalb nichts anderes als eine Politik zum Schutz des Lebens und der Menschenwürde, vor allem für die Schwächeren, die sich im Ernstfall einen privaten Personenschutz nicht leisten können.

Die Gefährdung der Menschenwürde ist auch ein wichtiger Aspekt in der politischen Begleitung und Gestaltung auf dem Weg in die Informationsgesellschaft. Die vielfache Verletzung der Menschenwürde in den Medien ist eine der destruktiven Realitäten unserer Zeit, die einfach nicht hingenommen werden kann. Die Gefahr der Manipulation der Menschen durch die schon gegebenen und die sich entwickelnden Möglichkeiten des Datenaustausches, der virtuellen Darstellungen, der häufig kaum mehr unterscheidbaren Darstellung von Fiktion und Wirklichkeit – dies alles dürfen wir als Problem nicht nur den Linken oder anderen Kräften überlassen. Die Realität dieser Gefahr ist unleugbar und fordert uns auf zu Wachsamkeit.

Das christliche Menschenbild verlangt immer wieder unser besonderes Engagement für die Schwächeren. Dies findet seine Ausprägung im Sozialstaat. Andererseits darf dies nicht zu einer einseitigen Parteinahme führen; die Leistungsträger müssen mit ihrer Situation, mit ihren Problemen genauso ernstgenommen werden.

Politik für das Leben als Konsequenz der Grundlage christliches Menschenbild bedeutet auch ein besonderes Engagement für die Familienpolitik. Familienpolitik kann sich dabei nicht nur auf Umverteilung begrenzen. Sie darf auch nicht eine heile Welt der Familie beschwören, die der Wirklichkeit nicht entspricht. Wir lassen uns gegenwärtig unter den Zwängen finanzpolitischer Grenzen in der Familienpolitik von denen in eine Defensive drängen, die ihrerseits den besonderen Schutz der Familie noch nie vertreten haben.

Eine konzeptionelle und geistige Offensive für ein Gesamtkonzept ist notwendig, das auch den finanziellen und strukturellen Veränderungen Rechnung trägt. Wir brauchen eine auf die Realität der Kleinfamilie, der modernen Arbeitswelt, der heutigen Wohnbedingungen sowie der weitverbreiteten Kinderfeindlichkeit abgestimmte Familienpolitik. Hier sind wir für die nächsten Jahre besonders gefordert, nicht nur materiell, sondern auch in einem gesellschaftspolitischen Gesamtkonzept, das sich dann sicher wesentlich von dem anderer Parteien unterscheidet.

Die Verpflichtung zum langfristigen Denken

Der Mensch hat als einziges Lebewesen die Möglichkeit, sich mit seiner Zukunft zu befassen, sie gewissermaßen gedanklich vorwegzunehmen, sich mit ihr auseinanderzusetzen und dafür auch Weichen zu stellen. Wer für den täglichen Überlebenskampf alle Kräfte braucht, ist dazu allerdings kaum in der Lage. Es ist ein Wesensmerkmal der Entwicklung der Zivilisation, daß damit auch der Dimension Zukunft eine immer größere Bedeutung zukommt, zumal auch mit heutigem Handeln künftige Entwicklungen immer mehr beeinflußt werden. Gleichzeitig hat dies eine große Unsicherheit aufkommen lassen. Zukunftsangst gehört zu den Merkmalen unserer Zeit.

Ein Wesensmerkmal konservativen Denkens ist langfristiges Denken. Solch langfristiges Denken war in der Vergangenheit allerdings primär im Sinne des Rückblicks, der Pflege der Tradition, der Geschichte ausgeprägt. Dies ist – gerade in einer Zeit rascher Veränderungen – natürlich auch künftig von besonderer Bedeutung. Vor allem die Konservativen müssen jedoch das langfristige Denken in gleicher Intensität für die Dimension Zukunft pflegen und entwickeln. Die Verpflichtung gegenüber den Nachkommen ist noch größer als die Verpflichtung gegenüber dem Erbe der Vorfahren!

Für unsere Gesellschaft ist jedoch das kurzfristige Denken typisch. Dies gilt nicht nur für die gern gescholtenen Politiker, es ist ein generelles Wesensmerkmal unserer Zeit. Da gleichzeitig unser Handeln immer mehr langfristige Folgen hat, ergibt sich daraus eine für die Nachkommen existenzbedrohende Dimension. Die heutige Wirklichkeit heißt: Konsumorientierung statt Zukunftsorientierung. Unsere Aufgabe und unser Ziel muß in der Umkehrung der Reihenfolge liegen, also: Zukunftsorientierung vor Konsumorientierung.

In der bäuerlichen Welt war es geradezu ein Ehrenkodex, ein entsprechender Ehrgeiz, daß der Nachkomme den Betrieb möglichst so intakt übernehmen sollte, wie man ihn selbst übernommen hat. Von der Substanz lebte man nur in Zeiten der Not und nur vorübergehend. Betriebe, die dauerhaft von der Substanz leben, aus Bequemlichkeit – dies gab es in den vergangenen Jahrzehnten auch vermehrt –, haben die Grundlagen ihrer Existenz verwirtschaftet.

Viele haben das als nicht so tragisch empfunden, weil die moderne Welt im Gegensatz zur früheren Agrargesellschaft ja auch andere Existenzgrundlagen bietet als den Hof. Als Volk haben wir und unsere Nachkommen diese Alternativen aber nicht. Der Ausweg der Auswanderung ist versperrt und sicher auch nicht gewünscht. Deshalb dürfen wir nie vergessen: Wir haben nur die eine Welt, die eine Volkswirtschaft; wir sind auf unsere gemeinsamen ökologischen und ökonomischen Lebensgrundlagen angewiesen.

Ein moralisches Prinzip unseres gesellschaftlichen und politischen Verhaltens und Handelns muß werden, daß wir jetzt so leben und so entscheiden, daß unsere Nachkommen nach heutigem Erkenntnisstand damit nicht weniger Lebenschancen haben als wir heute. Mit welchem Recht wollten wir ihnen dies verweigern?

In der Theorie ist eine solche Sicht wenig umstritten, die Wirklichkeit unseres Lebens ist jedoch anders. Dies gilt mit Blick auf die Überlastung der natürlichen Umwelt, trotz aller Fortschritte im Umweltschutz gerade im eigenen Land. Es gilt ebenso für das Sozialsystem, für den Generationenvertrag in der Rentenversicherung, für die zulässige Höhe der Staatsverschuldung als Belastung für die Zukunft.

Woher sollen wir aber die Kraft zur Selbstbeschränkung nehmen, in einer weithin entchristlichten Welt? Christlich gesprochen ist hier eine moderne Askese notwendig. Nicht im Sinne einer Selbstgeißelung, einer Bußbewegung, einem Ventil für das schlechte Gewissen von Wohlstandsbürgern, sondern als Prinzip der Beschränkung, wo es um Chancen und Rechte der Nachkommen geht.

Wer den Menschen als autonome Größe sieht, den Lebensgenuß als wichtigstes Ziel, der wird für eine Selbstbegrenzung schwerlich die notwendige Kraft finden. Hier haben auch große Teile der Umweltbewegung ihre ideologischen Grenzen. Insbesondere bei den Grünen und ihrem Umfeld ist doch der autonome Mensch das dominante Leitbild!

Wir würden es uns jedoch zu leicht machen, wenn wir die Probleme nur in diese Ecke schieben wollten. Unsere aktuellen politischen Probleme im Bereich der Wirtschaft und Sozialpolitik sind von einem Grundkonflikt unserer Zeit geprägt, der heißt: Mehr Umverteilung und momentane Wohlstandsmehrung – oder mehr Verantwortung und Investition für die Zukunft?

Vorrang für Investitionen in die Zukunft oder Vorfahrt für die jetzige Bequemlichkeit und für weitere Umverteilung? Das ist die zentrale Frage, an der sich in der Finanz- und Wirtschaftspolitik die Geister scheiden. Haben wir – Volk und Politik – die Kraft, das Augenblicksdenken zu überwinden, zukunftsorientiert und längerfristig zu denken und zu handeln? Wir stehen immer wieder vor dieser Weggabelung, wir müssen uns entscheiden.

Das öffentliche Engagement, vor allem auch das Engagement kirchlicher Verbände und »moralischer Autoritäten«, ist im Zweifelsfall immer für die Umverteilung als scheinbarer Zuwachs an sozialer Gerechtigkeit. Begrenzung der Umverteilung oder gar Kürzung trifft immer heute lebende konkret betroffene Menschen. Zukunftsinvestitionen spielen sich demgegenüber in einer abstrakteren Welt ab. Daraus lassen sich keine Politik und kein Engagement der Betroffenheit sowie der moralischen Forderungen publikums- und medienwirksam formulieren. Dies ändert aber nichts an der Dimension der Verantwortung und der Notwendigkeit. Es macht nur deutlich, warum es letztlich auch so schwer ist, diese veränderten Prioritäten in der politischen Alltagspraxis durchzusetzen.

Die SPD war und ist die Partei der Umverteilung. Weil es immer weniger neu zu verteilen gibt, ist sie in der Krise. Sie ist von ihrer Ideologie her nicht in der Lage, andere Akzente zu setzen. In der Wachstumszeit, in der Zeit, in der immer mehr zu verteilen war, haben sich Union und SPD in verschiedenen Politikbereichen angenähert, insbesondere in der Sozial- und auch in Bereichen der Wirtschaftspolitik. Jetzt kommt die Zeit deutlicher Unterscheidung, jetzt trennen sich wieder die Wege – wenn wir nach unseren Grundsätzen langfristiger Verantwortung handeln.

Die Vorschläge von Oskar Lafontaine und Gerhard Schröder, die augenblicklichen Probleme durch vermehrte Verschuldung zu entschärfen, dokumentieren diese Entscheidungssituation. Immer wieder kommt die Versuchung, auf Kosten der Nachkommen die eigene Bequemlichkeit zu erhalten. Die Vorschläge von Lafontaine, Schröder und anderen sind nicht nur ökonomisch falsch, sondern sie sind auch unmoralisch. Wir haben unsere eigenen Handlungsmöglichkeiten noch nicht so ausgeschöpft, daß eine weitere Belastung der Nachkommen vertretbar wäre.

Die Union muß für Zukunftsorientierung stehen, und dies nicht nur im Sinne der Förderung moderner Technik, sondern vor allem im Sinne der Langzeitverantwortung. Unser Credo muß sein: Wir handeln jetzt so, daß unsere Kinder und Enkel wenigstens dieselben Lebenschancen haben wie wir heute. Das ist letztlich die Begründung, der Sinn für manche schmerzliche Entscheidung, für notwendige Kurskorrekturen, für veränderte Prioritäten. Wir sollten uns dabei den Satz von Ludwig Börne vor Augen halten: »Die Lebenskraft einer Epoche zeigt sich nicht in seiner Ernte, sondern in seiner Aussaat.«

Zukunftssicherung und Weichenstellungen für die Zukunft, das ist der Sinn und der Lohn der Anstrengung. Sparen ist nicht Selbstzweck, sondern hat darin seine moralische Begründung und seine Rechtfertigung für schmerzliche Entscheidungen gegenüber den heute Lebenden.

Die Kultur der Selbständigkeit

Wenn schon nicht aus Einsicht, so zwingen doch die anstehenden Probleme zu Richtungsentscheidungen, die mit reinem Pragmatismus nicht zu gestalten sind. Die notwendige Entstaatlichung ist ein solches Beispiel. Entstaatlichung bedeutet Neuordnung der Aufgabenverteilung zwischen Staat und öffentlicher Hand (und den großen Solidargemeinschaften im Sozialsystem) sowie zwischen der Eigenverantwortung und der Privatinitiative.

Die Merkmale linker Politik sind immer wieder eine Selbstverwirklichung, die den Nutzen der modernen Gesellschaft privatisiert und alle Lebensrisiken und Probleme sozialisiert, eine falsche Auffassung von Solidarität, die die Gleichheit vor die Entfaltung der Leistungsfähigkeit stellt, und eine Umverteilungsideologie, die sich nicht ernsthaft damit auseinandersetzt, welche Voraussetzungen gegeben sein müssen, damit das zur Umverteilung Notwendige auch entstehen kann.

Die christlich-soziale und liberal-konservative Alternative ist gerade angesichts der Probleme unserer Gesellschaft, ihrer Schwächen und Fehlentwicklungen sowie der notwendigen Mobilisierung des schöpferischen Potentials eine lebenswichtige Alternative. Das heißt vor allem: Die Eigenverantwortung hat Vorrang vor der Hilfe durch andere. Was der einzelne zumutbar selbst übernehmen, gestalten und tragen kann, darf er nicht auf andere abwälzen, und es darf ihm auch nicht abgenommen werden. Diese grundlegende Reihenfolge muß schon in der Erziehung vermittelt werden. Der Respekt vor dem Anspruch auf Selbststeuerung des eigenen Lebens und auf Selbstbestimmung ist mit der notwendigen Selbstverantwortung zu verbinden. Der selbstbewußte Bürger muß insoweit beim Wort genommen werden, im Sinne einer ganzheitlichen Sicht von Selbstbestimmung. Selbstbestimmung und Solidarität sind in ein stabiles Gleichgewicht zu bringen.

Zeitlebens brauchen wir zu unserer Entwicklung und zu unserer menschlichen Existenz die Begegnung, die Inspiration, die Hilfe durch andere. Jeder Mensch ist nicht nur ein individuelles Wesen, sondern ebenso ein soziales Wesen. An dem Maßstab Eigenverantwortung, Selbstbestimmung und Selbstverantwortung anstelle vordergründiger Selbstverwirklichung scheiden sich die Geister in allen zentralen gesellschaftspolitischen Aufgaben, in der Bildungspolitik und der Familienpolitik zum Beispiel ebenso wie in der Sozialpolitik und Rechtspolitik.

Die notwendige Richtungsbestimmung, der »rote Faden« für alle Lebensbereiche, steckt in dem vom Bundeskanzler aufgenommenen Begriff der »Kultur der Selbständigkeit«. Möglicherweise primär auf die Gründung und Förderung selbständiger Existenzen in der Wirtschaft abzielend, beinhaltet dieser Begriff auch ein umfassendes gesellschaftspolitisches Konzept mit großer Entfaltungsmöglichkeit und Breitenwirkung.

Die »Kultur der Selbständigkeit« beginnt bei der Erziehung zur Selbständigkeit, sie entspricht dem Anspruch des modernen Menschen auf Selbstbestimmung. Elementar darin enthalten ist, daß nicht die Gesellschaft an sämtlichen individuellen Problemen und Sorgen schuld ist und damit den einzelnen entschuldigt. Vielmehr stehen die Eigenverantwortung und die notwendige Eigenanstrengung im Vordergrund. Das genannte Lebensprinzip – was zumutbar selbst geleistet werden kann, muß auch selbst geleistet werden – ist auch eine Orientierung für den Anspruch auf Subventionen. Insgesamt steckt darin ein reiches geistiges, soziales und kulturelles Potential, ein Impuls für eine konsequente Politik der Subsidiarität und der Dezentralisierung.

Mit einer »Kultur der Selbständigkeit« kann das kreative und unternehmerische Potential unseres Volkes geweckt werden. Mit diesem Potential können wir uns zuversichtlich dem internationalen Wettbewerb, den Problemen der Gegenwart und der Zukunft stellen. Die Konsequenz für die Politik heißt: Alle Hemmnisse abbauen, die diesem Wertmaßstab entgegenwirken. Wirtschaftspolitisch bedeutet dies eine Neubelebung des Geistes der Sozialen Marktwirtschaft. Es bedeutet eine wirksame und profilierte Abgrenzung sowohl gegenüber dem Fürsorgedenken der Sozialdemokraten wie auch gegenüber der liberalen Ellenbogen-Mentalität einer sogenannten »Freien Marktwirtschaft«. Eine Politik, die sich an dieser Linie konsequent orientiert, bringt für alle zentralen Lebensbereiche den deutlichen Unterschied zu den anderen Parteien. Das ist ungleich wirksamer als oft künstlich wirkende »Links-Rechts-Mitte«-Debatten.

Wenn die Union eine vitalere, verantwortungsbewußtere und freiere Gesellschaft will, muß sie sich wieder stärker auf diesen zentralen Punkt zurückbesinnen. Dieser Maßstab ermöglicht eine zentral menschenfreundliche Position. Das wird allerdings nicht allgemein so anerkannt, ist doch die Entmündigung durch den Wohlfahrtsstaat ein verführerisch-bequemer Weg. Das Gift wirkt nur schleichend, die Entmündigung wird zunächst kaum registriert. Deshalb ist für einen Weg aus dem Wohlfahrtsstaat viel Überzeugungs- und Argumentationskraft notwendig.

Ebenso scheiden sich die Geister am Verständnis von Freiheit. Die Linke definiert Freiheit mehr in dem Sinne von »über den Wolken muß die Freiheit wohl grenzenlos sein«. Sie ignoriert das Anstrengende, das Unbequeme wirklicher Freiheit. Sie verbindet deshalb den einerseits grenzenlosen Freiheitsanspruch des einzelnen mit der Umwälzung der Risiken auf den Staat und die Solidargemeinschaft. Darin liegt das verführerische Element linker Ideologien.

Die christlich-soziale und liberal-konservative Position der Freiheit stellt die persönliche Entscheidungsfreiheit in Verbindung mit der persönlichen Verantwortung in den Vordergrund. Sie verbindet Entscheidungsfreiheit mit Risiko und Verantwortung für sich selbst und für andere.

Ordnungspolitisch wird bei den notwendigen Veränderungen das richtige Maß für die innere Spannung von Gleichheit und Freiheit immer wieder ausbalanciert werden müssen. Zugespitzt gilt: Je mehr Freiheit, desto weniger Gleichheit, je mehr Gleichheit, desto weniger Freiheit. Gerade deswegen haben die liberal-konservativen Kräfte die Soziale Marktwirtschaft als Gesellschaftsordnung gewählt und nicht die sogenannte Freie Marktwirtschaft oder die Planwirtschaft.

Tief beunruhigend ist die Einstellung zu unserer Gesellschaftsordnung in den neuen Ländern. Große Teile der ostdeutschen Bevölkerung fühlen sich in unserem Wirtschafts- und Gesellschaftssystem nach wie vor nicht zu Hause. Die Anstrengungen der Freiheit werden weithin als bedrückend empfunden, deren Chancen kaum gewürdigt. Die Befunde der Demoskopie belegen das. Nach einer Untersuchung von Allensbach (FAZ, 13.3.1996) ist es nur 50 Prozent der ostdeutschen Bevölkerung sehr wichtig, vom Staat nicht überwacht zu werden (im Westen: 67 Prozent). Nur 31 Prozent der ostdeutschen Bevölkerung möchten die Wahlfreiheit zwischen Parteien unter keinen Umständen missen, Meinungsfreiheit ist nur für 64 Prozent ein besonders kostbares Gut. Freiheit wird vor allen Dingen verstanden als Freiheit von finanziellen Risiken, etwa bei Krankheit, Not oder Arbeitslosigkeit.

»Das Freiheitsstreben der ostdeutschen Bevölkerung richtet sich weniger auf die Verteidigung der Bürgerfreiheit gegen staatliche und andere Begrenzungen, als auf die Absicherung gegen Risiken und Sorgen um die eigene Existenz. Einschränkungen der bürgerlichen Freiheit scheinen der Mehrheit ein akzeptabler Preis zu sein, wenn dafür mehr Sicherheit erreicht wird.«   *(Dr. Renate Köcher, in: FAZ, vom 13.3.1996)*

In diesem Befund steckt auch die Erklärung der bisherigen Erfolge der PDS. Sie steht für die Utopie einer Kombination aus den Annehmlichkeiten und der Leistungsfähigkeit der freien Gesellschaftsordnung mit den Sicherheiten und der Versorgung durch einen staatlichen Dirigismus (andere Aspekte wie verletzter Stolz, Sehnsucht nach einer Anerkennung der Leistungen in der DDR, Suche nach eigener Identität etc. kommen hinzu).

Die Kultur des Helfens

Die »Kultur der Selbständigkeit« muß ergänzt werden durch eine »Kultur des Helfens«. Sonst laufen wir Gefahr, daß das Leben zunehmend auf Effizienz und Leistungsfähigkeit verkürzt würde und die Leistungsschwächeren untergehen. Ein solches Ziel, so denken viele, ist doch angesichts des weitverbreiteten Egoismus chancenloser Idealismus. Die meisten Menschen würden mit einer solchen Zielsetzung, so die Bedenken, Einschränkung und Opfer verbinden, nicht Bereicherung ihres Lebens, sondern Begrenzung. Ist die Kultur des Helfens ein Opferweg oder womöglich ein Weg zu mehr Glück?

Die Basis ist die Natur des Menschen. Nur in der Begegnung mit dem anderen Menschen, beginnend von der Zuwendung zu dem Baby und dem Kleinkind bis hin zur Bedeutung menschlicher Begegnungen im reifen Alter, entwickelt der Mensch seine Persönlichkeit. Nur in der Begegnung mit anderen Menschen entwickeln wir unsere Fähigkeiten und unser Menschsein. Viktor E. Frankl, Professor für Neurologie und der Begründer der Logotherapie, der durch die Schrecken von Auschwitz ging und auch in dieser extremsten aller denkbaren Situationen studierte, was Menschen Lebenskraft und Überlebensfähigkeit gibt, weist immer wieder daraufhin, daß das Menschsein über sich selbst hinausweist.

»Im Dienst an einer Sache oder in der Liebe zu einer Person erfüllt der Mensch sich selbst. Je mehr er aufgeht in seiner Aufgabe, je mehr er hingegeben ist an seinen Partner, um so mehr ist er Mensch, um so mehr wird er selbst. Sich selbst verwirklichen kann er also eigentlich nur in dem Maße, in dem er sich selbst vergißt, in dem er sich selbst übersieht.«

(Viktor E. Frankl, Das Leiden am sinnlosen Leben, Freiburg 1993)

Je mehr der Mensch auf sich selbst fixiert ist, um so unglücklicher ist er. Das ist die um sich greifende bittere Enttäuschung der Botschaft der Selbstverwirklichung, wie sie landläufig verstanden und gepredigt wird. Die Chance der Kultur des Helfens liegt in der weitverbreiteten Enttäuschung über das Lebensgefühl, über die Ergebnisse dieser selbstfixierten Selbstverwirklichung.

Gleichwohl ist die Ausgangssituation alles andere als schon erfolgversprechend. Die moderne Sozialforschung berichtet, daß die jungen Menschen entgegen früherer Prognosen keine Leistungsverweigerer sind. Sie stellen sich wieder mehr der Leistung, sehen in ihr Sinn, wollen aber auch nur dann Leistung bringen, wenn sie einen Sinn darin sehen und »Spaß« dabei haben. Sie verbinden diese Leistungsbereitschaft mit intensivem Lebensgenuß. Daneben, so berichtet die Sozialforschung, bleibt immer weniger Zeit und Bereitschaft zum sozialen Engagement.

Die Fähigkeit zur Begegnung mit dem Du muß in der Kindheit gepflegt und gefördert werden. Das Urvertrauen zum Leben, so berichten fast übereinstimmend die Wissenschaften, wird in der Erfahrung einer ständigen Bezugsperson in den ersten drei Lebensjahren geprägt. Die Familie ist die Keimzelle sozialen und partnerschaftlichen Verhaltens. Deshalb ist es für die Kultur des Helfens auch so wichtig, daß die Politik die Rahmenbedingungen für junge Familien fördert. Erziehungsgeld und Anrechnung von Erziehungszeiten in der Altersversorgung sind dafür richtige und wichtige Weichenstellungen.

Welchen Platz hat die Kultur des Helfens in unserem Erziehungs- und Bildungssystem, in den Schulen und in den weiterführenden Bildungsgängen? Einseitige Leistungsfixierung führt leicht in eine zwar tüchtige, aber letztlich inhumane Gesellschaft. Die Wettbewerbsgesellschaft hat hier ihre Gefahrenstellen. Dies gilt es zu sehen und nicht in einer einseitigen Abwehrhaltung gegenüber Leistungsverweigerern zu ignorieren.

Die Kultur des Helfens findet ihre Entfaltung in den Gemeinschaften, den traditionellen Vereinen und in den neueren Formen der Gemeinschaftsbildung. Dem Ehrenamt kommt dabei eine Schlüsselrolle zu. Die Förderung dieser Kultur des Helfens kann jedoch nicht über moralische Appelle erfolgen, sondern nur über das Aufzeigen der menschlichen Bereicherung, der wertvollen Erfahrung, der Sinnfindung durch eine solche Lebenshaltung. Das Problem ist, daß sich diese Botschaft nicht einfach erschließt, sondern letztlich nur durch Erfahrung oder durch aufmerksame Beobachtung verständlich wird. Verlockender ist die Botschaft einer scheinbaren Freiheit durch Emanzipation aus den Bindungen; durch egoistischen Liberalismus.

Die Kultur des Helfens ist neben der Kultur der Selbständigkeit die unverzichtbare zweite Säule der Leistungsgesellschaft. Wenn ein Mensch sein Selbstwertgefühl nur auf seiner Leistungsfähigkeit begründet, führt dies zur menschlichen Verkümmerung. Eine Gesellschaft, die ihren Wert nur auf ihre Leistungsfähigkeit begründet, wird zutiefst inhuman. Der Wert des Menschen wird dann nur danach bemessen, was er leistet. Leistungsschwächere werden an den Rand gedrückt. Der Sozialstaat kann seine humane Qualität nur durch eine Kultur des Helfens entfalten. Die Verteilung von Geld reicht dafür nicht aus.

Ein wichtige Zukunftsaufgabe liberal-konservativer Politik ist die Einordnung und die Entfaltung dieser Kultur des Helfens in die verschiedensten Lebensbereiche.

In den USA entwickelt sich als Antwort der sogenannte »Kommunitarismus«. Dessen Anhänger verstehen sich als eine parteiübergreifende politische Bewegung, die sich gegen zerstörerischen Individualismus und die ausschließliche Orientierung an Marktgesetzen wendet. Sie fordern eine neue Wertedebatte für die westlichen Gesellschaften, ausgehend von der Überzeugung, daß nur die Stärkung der Gemeinschaft die Krise der Wohlfahrtsstaaten überwinden kann. Dabei wenden sie sich gegen einen entsprechenden Zwang durch Gesetze und Verbote. Sie setzen auf Dialog und Überzeugung.

»Wir setzen das Bewahren der Gesellschaft auf die Tagesordnung, wir wehren uns gegen die Dominanz der Kosten-Nutzen-Logik der Ökonomen. (...) Der kommunitaristische Weg wäre, die öffentlichen Ausgaben zu reduzieren, indem Bürger in Gemeinschaftsarbeit Aufgaben selbst übernehmen. Das bringt zusätzliche Freude ins Leben. Ich würde es auch vorschlagen, wenn wir keine ökonomische Krise hätten«.

(Amitai Etzioni, in: »Der Spiegel«, *vom 4.3.1996)*

Es liegt nahe, daß wir uns nicht nur mit technischen und ökonomischen Entwicklungen in Amerika auseinandersetzen, sondern auch mit solchen Ansätzen.

Wachsamkeit gegenüber dem Fortschritt

Die Umfrageforschung weist darauf hin, daß die Deutschen das Zwiespältige des Fortschritts immer deutlicher wahrnehmen. Das Institut für Demoskopie Allensbach hat über Jahre hinweg die Frage gestellt: »Glauben Sie an den Fortschritt – ich meine, daß die Menschheit einer immer besseren Zukunft entgegengeht, oder glauben Sie das nicht?«

1972 antworteten 60 Prozent der Bevölkerung mit Ja, 1993 nur noch 31 Prozent. Die negative Antwort stieg von 19 auf 49 Prozent. In Ostdeutschland ist der Fortschrittsbegriff positiver besetzt.

Interessant ist in diesem Zusammenhang, was mit dem Begriff »fortschrittlich« verbunden wird. Allensbach hatte im Frühjahr 1995 danach gefragt. 44 Prozent nannten die Einführung der Frauenquote, 78 Prozent meinten, die Tätigkeit von Hausfrauen müßte stärker anerkannt und eine Mütterrente eingeführt werden. Der Ausbau des Sozialstaats ist für 43 Prozent eine Fortschrittsaufgabe, und gleich 80 Prozent betrachten den Kampf gegen den Mißbrauch von Sozialleistungen als fortschrittlich.

Die junge Generation, so berichten Lehrer von den Schulen und Professoren von den Universitäten, ist wieder viel aufgeschlossener gegenüber der modernen Technik, sie ist leistungswilliger und optimistischer als die Vorgänger-Generationen der letzten zehn und zwanzig Jahre. Gleichzeitig muß man jedoch bei konkreten Standortentscheidungen feststellen, daß dann doch wieder weithin Angstparolen das öffentliche Klima prägen. Die Einstellung zum Fortschritt ist also nach wie vor labil.

Nun ist zu befürchten, daß mit dem nahenden Jahr 2000, der Jahrtausendwende, Angstpsychosen wieder zunehmen. Der Spie-

gel widmete der wachsenden »Endzeit-Angst« bereits die Titelge-
schichte der ersten Ausgabe des Jahres 1996.

Die Meinungsführerschaft in der Auseinandersetzung und die
Bewertung des Fortschritts dürfen nicht irrationalen Strömungen
überlassen bleiben. Es ist eine elementare Führungsaufgabe, sich
damit konstruktiv und dialogbereit auseinanderzusetzen. Manche
Enttäuschung ist darauf zurückzuführen, daß über Jahrzehnte für
nicht wenige der technisch-wissenschaftliche Fortschritt – der Glaube an die Machbarkeit geradezu paradiesischer Zustände auf Erden – eine Art Ersatzreligion war, was zu zwangsläufigen Enttäu-
schungen und entsprechenden Frustrationen führen mußte. Es gab
jedoch zu keinem Zeitpunkt die reale Chance, durch technisch-wissenschaftlichen Fortschritt die Sinnfragen des Lebens zu beantworten; Krankheit, Leid, Konflikte zu vermeiden, unbegrenzte Freiheit
zu gewähren, materiellen Überfluß ohne soziale Probleme zu erreichen, die Natur grenzenlos verfügbar zu machen.

Hinzu kommt, daß mit dem Fortschritt auch Gefahren gewachsen sind. Je mehr wir können, um so mehr können wir die Gegenwart und Zukunft auch negativ beeinflussen. Bei aller Enttäuschung
darf aber nicht vergessen werden, was uns der technisch-wissenschaftliche Fortschritt gebracht hat: eine hohe Lebenserwartung mit
gesünderen Lebensbedingungen als früher, die Entwicklung huma-
nerer Lebens- und Arbeitsbedingungen, die finanzielle Absicherung gegen viele Risiken des Lebens durch einen leistungsfähigen
Sozialstaat, aber auch Einkommen und Zeit, um sich über die Sicherung des Lebensunterhalts hinaus anderen Aufgaben und Nei-
gungen widmen zu können.

Gerade wegen der Zweifel, der unsicheren Einstellungen zum
Wert des technisch-wissenschaftlichen Fortschritts, müssen wir deutlich sagen, was wir als Fortschritt einstufen: Technisch-wissenschaftliche Entwicklungen sind Fortschritt, wenn sie zur Verbesserung der
menschlichen Lebensbedingungen und Entwicklungsmöglichkeiten
führen, der Erweiterung des menschlichen Freiheits- und Selbstbe-
stimmungsraums und der Menschenwürde dienen und/oder zu einer geringeren Belastung der Natur beitragen. Der Fortschrittscha-

rakter technologischer Entwicklungen bemißt sich daher im Maß der Steigerungen menschlicher Lebens- und Entfaltungschancen. Dies gilt natürlich nicht nur für uns selbst, sondern auch in Solidarität für die Weltbevölkerung als Ganzes – insbesondere für diejenigen, die nicht unseren Lebensstandard haben – und für die nachfolgenden Generationen. In diesem Sinne ist weiterer technisch-wissenschaftlicher Fortschritt ein Hilfsmittel für einen weiteren sozialen, humanen und kulturellen Fortschritt.

Für die Vergangenheit und Zukunft gilt jedoch: Mit mehr Fortschritt und Wohlstand werden die Menschen nicht zwangsläufig glücklicher. Es liegt am einzelnen Menschen, ob er verbesserte Ausgangsbedingungen für die Entfaltung seiner Persönlichkeit und seines Lebens entsprechend nutzt. Und bei aller Anstrengung gibt es keine Garantie für eine ständig positive Weiterentwicklung, für einen ständigen Fortschritt. Für die Bewertung der Situation sowie für die Steuerung künftiger Entwicklungen ist die Auseinandersetzung mit dem Spannungsverhältnis von Spezialisierung und ganzheitlichem Denken besonders wichtig.

Die Spezialisierung hat den Erkenntnisprozeß in Teilbereichen vorangetrieben. Gleichzeitig machen wir jedoch die Erfahrung, daß durch die Einordnung hochspezialisierter Detailkenntnisse das Ganze oft immer schwieriger wird. »Ein Spezialist ist ein Mensch, der von immer weniger immer mehr weiß; ein Generalist ist einer, der alles über nichts weiß.«

Ein weiteres Problem ist das Spannungsfeld zwischen der wissenschaftlichen Rationalität und der Bedeutung des Erfahrungswissens und der Intuition.

Für die Fortentwicklung des technisch-wissenschaftlichen Fortschritts und des Fortschritts insgesamt ist deshalb eine verbesserte fachübergreifende Zusammenarbeit und die Förderung des ganzheitlichen Denkens sowie der Einbeziehung und Beachtung des Wissens, das aus der Erfahrung und der Tradition kommt, besonders wichtig. Die Verbindung von wissenschaftlichen Erkenntnissen und Lebenserfahrung, von Spezialistenwissen und ganzheitlichem

Denken muß noch mehr gefördert werden. Die Auseinandersetzung mit den zwangsläufigen Risiken darf nicht nur den Bedenkenträgern überlassen bleiben. Nutzung, aber auch Verzicht auf technische Möglichkeiten sind unvermeidlich mit Neben- und Fernwirkungen verbunden. Technisch-wissenschaftliche Entwicklungen bergen neben Chancen immer auch Risiken. Im Anfangsstadium neuer Techniken und Verfahren lassen sich in der Regel nicht bereits alle Möglichkeiten der Anwendung, positive wie negative, abschätzen.

Besonders trügerisch ist die Optik, daß Verzicht auf Handeln ohne Risiko und ohne Schaden wäre. Für eine ehrliche Risikodiskussion ist immer Voraussetzung, daß drei Aspekte gegeneinander abgewogen und bedacht werden:

1. Die Chancen und die Risiken der zur Diskussion stehenden Entwicklung.
2. Die Chancen und Risiken möglicher Alternativen.
3. Welche Folgen hat das Nichtstun?

Nur eine Zusammenschau dieser drei Aspekte bringt den Maßstab für die notwendigen Entscheidungen. Wer dem Bürger auch nur einen dieser Aspekte verschweigt, der täuscht bewußt oder durch Unvermögen die Bevölkerung.

Wie wollen (können) wir morgen leben?

Die Mehrheit der Bevölkerung würde auf eine entsprechende Frage wahrscheinlich antworten: im großen und ganzen nicht viel anders als jetzt. Vielleicht etwas weniger Hektik, ohne Angst vor Arbeitsplatzverlust, vor Folgen der Umweltverschmutzung, vor Gefährdung der eigenen Sicherheit durch Kriminalität oder durch Krieg. Unsere Kinder sollen es einmal wenigstens ebenso gut haben wie wir heute.

Die Mehrheit der Bevölkerung ist nicht getrieben vom Wunsch nach Reformen. Die von uns beklagten Unfreiheiten durch zuviel Staatsvorsorge und durch Reglementierung werden von der Mehrheit kaum als persönliches Problem empfunden. Deshalb werden die wichtigen Bemühungen um Entbürokratisierung oder Entstaatlichung auch nicht mit großem Beifall begleitet. Dafür gibt es allenfalls Verständnis – aber nur so lange, als damit keine eigenen Nachteile verbunden sind. Über diese Realitäten darf man sich nicht hinwegtäuschen, will man sich nicht selbst in eine schmerzliche Enttäuschung führen.

Deswegen hätten die notwendigen Reformen auch wenig Chancen, wenn Veränderungen der äußeren Bedingungen sie nicht erzwingen würden. Dies spüren die Menschen zunehmend. Deshalb glauben sie denen immer weniger, die den Eindruck erwecken oder gar versprechen, es könnte einfach alles so weitergehen wie bisher. Nicht das Bedürfnis nach Veränderung, sondern der Realitätssinn, der Instinkt für Veränderungen, macht die Menschen offener für das Notwendige.

Wer Zustimmung und Gefolgschaft will, muß Sinn vermitteln, muß Ziele aufzeigen, für die sich die Anstrengung lohnt. Sparen – wozu? Anstrengungen – wofür? Der Sinn aller Anstrengungen ist, daß wir auch morgen in einem intakten Rechtsstaat, in einer lebendigen Demokratie leben, die uns Freiheit, soziale Sicherheit, hohen Lebensstandard und gesunde Umwelt gewähren.

Die Politik kann jedoch nur die äußeren Rahmenbedingungen gestalten. Das Gelingen des eigenen Lebens hängt wesentlich von Faktoren ab, die – Gott sei Dank – nicht von der Politik und nicht von außen gestaltet oder gar erzwungen werden können.

Lebenskultur in der Überfluß-gesellschaft

Wer ist wirklich frei und unabhängig – der Traum des modernen Menschen? Joachim Bodamer hat dafür ein bemerkenswertes Maß formuliert: »Frei ist der Mensch, der es schafft, sich selbst im Genußstreben und im Leistungsstreben freiwillig eine Grenze zu setzen.«

In den äußeren Rahmenbedingungen haben wir ein Maß an Freiheit, wie es die Geschichte noch nie kannte. Die Unfreiheiten, die Abhängigkeiten, die modernen Versklavungen sind das Ergebnis der eigenen Lebensführung, des »man macht«, oder des »da muß man dabei sein«.

Immer wieder beobachten wir bedrückende Abhängigkeiten und den Druck auf den einzelnen durch Konsum, durch Dabei-sein-Wollen. Mit Recht ist vom Erlebnisstreß des Freizeitkonsumenten die Rede. Die Entwicklung in Deutschland läßt den Schluß zu, daß wir Verhältnisse wie in Amerika zu erwarten haben. Dort zeigen Untersuchungen, daß jeder zweite Amerikaner vom Einkaufen mit Sachen zurückkommt, die er eigentlich gar nicht kaufen wollte. Nach Ansicht von Wissenschaftlern wird das Einkaufen in Zukunft zwei Funktionen übernehmen: zum einen Befriedigung der Lebenslust, also Freude am Einkaufen, und zum anderen auch als Maßnahme gegen Langeweile und Einsamkeit. Werden Einkaufszentren und Einkaufsstraßen künftig Zufluchtsstätten für Menschen sein, die der Langeweile und der Vereinsamung entgehen wollen? Konsumieren die Menschen als Antwort auf die eigene innere Leere, wollen sie sich ein gutes Lebensgefühl schaffen, wollen sie Frustrationen entgehen?

Horst W. Opaschowski weist darauf hin, daß die junge Generation sich mehr denn je über den Konsum definiere. Motto: Ich bin, was ich kaufe. Doch der hohe Stellenwert kostspieliger Beschäftigungen habe seinen Preis, fügt Opaschowski hinzu. Viele könnten sich den Konsumzwängen kaum mehr entziehen. Gleichzeitig klagten zunehmend mehr junge Leute darüber, daß sie von Angeboten, die Geld kosten, viel stärker abhängig sind, als sie es letztlich wollen.

Solche Zukunftsperspektiven sind erschreckend. Die Politik kann auf diese Entwicklungen nur sehr begrenzt Einfluß nehmen – es sei denn mit einer so katastrophalen Politik, daß aus dem Überfluß Mangel würde. Dies kann aber nicht die Lösung des Problems sein.

Eine der größten Aufgaben für den ganzen Sektor der Erziehung, der Bildung und der Wertevermittlung ist eine Einstellung, die einen souveränen Umgang mit den Angeboten der Wohlstandsgesellschaft ermöglicht. Die Menschen müssen in der Lage sein, die Angebote der Wohlstandsgesellschaft zu nutzen, ohne von ihnen abhängig zu werden.

Das ist für unsere Zeit das wichtigste Bildungsziel schlechthin! Es bedeutet nicht Verteufelung des Wohlstands und der verlockenden Angebote, aber es verlangt Erziehung zur Freiheit, zur inneren Freiheit durch Souveränität. Eine Politik, die solche Aufgaben nicht mehr sehen würde, auch wenn sie selbst hier nur begrenzt verändernd wirken kann, würde zum reinen Materialismus verkommen.

Die Förderung des Konsums ist immer wieder ein wichtiges konjunkturpolitisches Anliegen. Aber auch dies darf nicht darüber hinwegtäuschen, daß die negativen Folgen eines »Konsumrausches« für die humane Substanz eines Volkes verheerend sind.

In Teilen der Umweltbewegung wird als Reaktion auf diese Entwicklung ein »schlechtes Gewissen« propagiert, mitunter gesteigert bis zur Verkündigung von einer Art »Bußbildungen«. Auch das Sektenwesen findet hier noch zusätzlichen Nährboden. Eine weitere Resonanz ist mit Blick auf die zu erwartenden Angstkampagnen um die Jahrtausendwende zu erwarten.

Dies alles sind aber wieder nur Wege neuer Unfreiheiten. Nützen, genießen können und lassen können – das bedeutet den wahrhaft mündigen Bürger. Das wäre das Feld christlicher Verkündigung für eine wahrhaft zeitgerechte Askese. Dazu gehört auch ein souveräner Umgang mit der Zeit.

Kirchenleuten und Politikern würde man möglicherweise vorhalten, sie »moralisierten«, wenn sie sich wie dieser Wissenschaftler äußern würden:

»Nur neidisch können wir auf frühere Kulturen zurückblicken, die im Zeitwohlstand lebten und sich eine ›manana‹-Mentalität leisten konnten: Morgen ist auch noch ein Tag. Wir haben heute aber ständig das Gefühl, morgen könnte es bereits zu spät sein: Konsumiere im Augenblick und genieße das Leben jetzt. Wir ›nutzen‹ die Zeit mehr, als daß wir sie ›verbringen‹. Das Gefühl für den Wert Zeit nimmt zu. Mehr Geld allein erscheint doch wertlos, wenn nicht gleichzeitig auch mehr Zeit ›ausgezahlt‹ wird.

Die Karriere durch Konsum ist jedenfalls eine Illusion. Infolgedessen muß der Konsument kompetenter werden, um die drohende Erlebnisinflation überhaupt bewältigen zu können. Wer im künftigen Erlebniszeitalter bestehen will, sollte die folgenden ›Zehn Gebote‹ berücksichtigen:

1. Bleib nicht dauernd dran.
2. Schalt doch mal ab.
3. Jag nicht ständig schnellebigen Trends hinterher.
4. Kauf nur das, was du wirklich willst.
5. Versuche nicht permanent, deinen Lebensstandard zu verbessern.
6. Mach dein persönliches Wohlergehen zum wichtigsten Kaufkriterium.
7. Verzichte auf Konsumangebote, wenn sie mehr Streß als Spaß bedeuten.
8. Lerne wieder, eine ›Sache zu einer Zeit‹ zu tun.
9. Genieße nach Maß, damit Du länger genießen kannst.
10. Entdecke die Hängematte wieder und laß' die Seele baumeln.«

(Horst W. Opaschowski, Vortrag vor der CSU-Landtagsfraktion am 16. Januar 1996 in Wildbad Kreuth, »Die Zukunft zwischen Leistung und Lebensgenuß – welchen Weg geht Deutschland?«)

Ein wirklich selbstbestimmtes Leben inmitten des Überflusses an Angeboten des Konsums – das ist die Herausforderung an den selbstbewußten Menschen und die wichtigste Aufgabe für die Erziehung und Bildung. Aufgabe und Ziel: mit sich selbst etwas anfangen können.

Zur Lebenskultur gehört dabei nicht nur die persönliche Zeitsouveränität, sondern auch die Pflege gemeinsamer Zeiten, der Zeitrhythmen des Gemeinschaftslebens. Hierfür wird die zunehmende Flexibilisierung der Arbeitszeit zum Problem. Ohne gemeinsame Zeiten kann die Familie keine Gemeinschaft sein, der Verein und der Freundeskreis können nicht gedeihen.

Weil unser Leben mehr ist als Effizienz, darf dieser kulturelle und soziale Aspekt in der Debatte um weitere Flexibilisierung nicht vernachlässigt werden. Ein Mindestmaß an gemeinsamer Zeit ist für das Gemeinwesen wichtig. Deshalb ist für den Sonntag weiter ein besonderer Schutz notwendig. Dies ist nicht nur eine christlichabendländische Tradition; es ist auch ein Erfordernis der modernen, pluralen, von der Zersplitterung und Individualisierung bedrohten Gesellschaft.

Nicht nur der einzelne Mensch, auch die Gesellschaft muß ihre Lebenskultur in der Überflußgesellschaft finden. Dies bedarf ebenso der Pflege und der Anstrengungen wie die Anpassung an weltweite Entwicklungen und Herausforderungen.

III.
Zwei Schwerpunkte liberal-konservativer Erneuerung

Verkrustungen aufbrechen – Innovationen fördern

Unsere Welt ist kompliziert und unübersichtlich geworden. Dies ist nicht nur für den einzelnen Bürger, sondern auch für die Politik ein großes Problem. Daraus erwächst auch leicht die Gefahr der Verzettelung und damit der Verlust der Konturen, des Profils, der Unterscheidbarkeit der Parteien.

Aus der Analyse und den Konsequenzen dieser Umbruchzeit ergeben sich für unser politisches Handeln zwei Schwerpunkte, die zueinander auch in Spannung und in notwendiger Ergänzung stehen.

1. Eine umfassende Politik der Förderung der Innovationen, der notwendigen Veränderungen, der Kreativität und damit der Leistungsfähigkeit von Volk und Staat.
   Nur so werden wir beispielsweise in der ersten Liga der Weltwirtschaft und in der ersten Reihe der Sozialstaaten bleiben können. Nur so können wir die großen Herausforderungen unserer Zeit meistern und der Verantwortung für die Zukunft gerecht werden.
2. Eine konsequente Pflege der Tradition: Alle Aktivitäten, die geeignet sind, Gemeinschaft zu bilden, die der Beheimatung der Menschen dienen, müssen bewahrt und gestärkt werden.

Diese beiden Schwerpunkte möchte ich nachfolgend etwas ausführlicher beschreiben, auch wenn dies natürlich nur in Ansätzen möglich ist.

Allmählich spricht sich herum, daß wir in Gefahr sind, in Perfektionismus und Verkrustung zu erstarren und damit den Anschluß an die dynamischen Völker und Staaten zu verlieren. Es droht eine Entwicklung, daß wir sowohl im Hinblick auf unsere Wirtschaftskraft als auch beim Niveau unseres Sozialstaates aus der weltweiten Führungsgruppe ausscheiden. Der Abstieg scheint vorgezeichnet. Die notwendigen Konsequenzen sind unbequem, bedeuten sie doch häufig den Abschied vom Vertrauten, von Besitzständen. Wer macht das schon gerne – von Abenteurern abgesehen? Am Rande bemerkt: Auch diese kehren gerne in die vertraute Welt zurück.

Es ist deshalb falsch, über das Beharrungsvermögen der Menschen nur zu klagen, darüber zu moralisieren. Dieses Verhalten ist ganz menschlich und insoweit verständlich. Der Aufbruch zu neuen Zielen kann nur erfolgen, die Bereitschaft mitzugehen nur wachsen, wenn die Einsicht in die Notwendigkeit der Veränderungen da ist. Entweder muß der Leidensdruck groß genug sein, oder lohnende Ziele müssen die Menschen mobilisieren. Der positivere und kraftvollere Weg ist sicher der letztere. »Führen mit Visionen« – so lautet der Titel eines einschlägigen Buches, das der Unternehmensberater Matthias zur Bonsen verfaßt hat. Vor allem in der Wirtschaft spielen heute Visionen als mobilisierendes Element eine große Rolle. Die Politik ist dagegen mehr vom Tagesgeschehen, vom Zwang zum tagesaktuellen Handeln geprägt, weshalb dieser Aspekt oft zu kurz kommt. Visionen, die so weit weg sind, daß sie mit dem notwendigen Tagesgeschäft nicht zu vereinbaren sind, verlieren freilich ihre Kraft. Andererseits gilt: Gestalten kann nur, wer eine Vorstellung von der angestrebten Zukunft hat, wer Visionen entwickelt. Die Nur-Praktiker verwalten das Bestehende – was wichtig ist –, aber sie bleiben in den Grenzen der bisherigen Erfahrungen, sie haben keine Gestaltungskraft. Wir brauchen die »Realutopie«. Damit ist der Mut zu einer Utopie, zu einem Zukunftsentwurf gemeint, der Realismus und Mut zu Neuem verbindet.

Ich bin überzeugt, auch aufgrund einiger positiver Entwicklungen der letzten Jahre, daß wir die Chance haben, in der Spitze zu bleiben und den Wettbewerb mit den kreativen und unternehmerischen Völkern und Staaten dieser Erde zu bestehen. Entscheidend ist, daß wir die Zeichen der Zeit richtig deuten und die richtigen Schlußfolgerungen ziehen. Wir haben die materiellen und geistigen Voraussetzungen dafür. Die allein ausschlaggebende Frage ist, ob wir die moralische Kraft zur Korrektur und zum neuen Aufbruch haben.

Alte und neue Tugenden müssen miteinander verbunden werden. Folker Streib, langjähriger Vorsitzender der deutsch-japanischen Industrie- und Handelskammer in Tokio, weist auf die Bedeutung der traditionellen deutschen Tugenden hin:

»Die Erfolgsfaktoren der Länder Asiens werden in einer Studie der Weltbank dargestellt. Diese Studie kommt letztlich zu dem Schluß, daß die Asiaten eigentlich nichts anderes gemacht haben, als das, was früher einmal als die deutschen Tugenden bezeichnet wurde, was Lafontaine später einmal als Sekundärtugenden abgetan hat, d.h. ganz einfach Einsatzfreude, Sparsamkeit, sparsamer Staat, Pünktlichkeit, Kreativität und Zusammenhalt.«

(Folker Streib, Vortrag am 30. Juni 1994 zum Thema »Entwicklung des Handels im pazifischen Raum/Möglichkeiten und Grenzen der Europäer«)

Mit Blick auf den Übergang zur Informationsgesellschaft müssen neue Tugenden wie Teamfähigkeit und ganzheitliches Denken hinzukommen. Der »geistige Überbau« eines Landes bestimmt letztlich auch den wirtschaftlichen Erfolg. Schon Max Weber verwies darauf, daß jedes Volk auf Dauer die Wirtschaft haben wird, die der jeweiligen geistigen Verfassung entspricht.

Innovation als umfassender gesellschaftlicher Prozeß

Innovation wird landläufig mit Förderung von Wissenschaft und Forschung und mit dem notwendigen Technologietransfer, also der Verbindung von theoretischer Erkenntnis und marktgängigen Produkten gleichgesetzt. Dies ist unbestreitbar wichtig und ein Schwerpunkt der Politik der CSU. Für eine umfassende Politik der Förderung von Innovation und Kreativität reicht diese Sicht jedoch nicht aus. Es ist vielmehr notwendig, Innovation als umfassenden gesellschaftspolitischen Prozeß zu sehen.

Wer sich außerhalb des Wettbewerbs von Ideen, Informationen und Innovationen begibt, fällt unweigerlich zurück. Dies war das Todesurteil des Kommunismus. Er war nicht fähig zur Kreativität, zur Anpassung. Er ist in Mißtrauen und Kontrolle, in zentraler Reglementierung erstarrt und letztlich deshalb abgestorben. Innovation ist ein ganzheitlicher sozialer Prozeß. Der technisch-ökonomische Bereich und sein gesellschaftliches Umfeld müssen ganzheitlich gesehen werden und miteinander im Austausch stehen. Ansonsten entsteht, wie wir dies in der Vergangenheit in verschiedenen Technologiebereichen (zum Beispiel Kernenergie, Gentechnik, Chemie) erlebt haben, eine wachsende Spannung, die lähmt. Letztlich kann es gar dazu führen, daß die Menschen die Ursachen ihrer Probleme im technisch-wissenschaftlichen Fortschritt sehen und nicht in den versäumten Innovationen. Manche Diskussion in Deutschland verläuft in diesem Sinne. Dabei zeigt die Geschichte, daß Nationen und Regionen, die sich dem Wettbewerb und der internationalen Zusammenarbeit verweigern, unaufhaltsam zurückfallen.

Umfassende Innovationspolitik muß den Bereich der Einstellungen, den der gesellschaftlichen Bedingungen und Strukturen sowie der technisch-wissenschaftlichen Gegebenheiten ganzheitlich erfassen und einbeziehen. Die Einsicht in die Notwendigkeit eines solchen Prozesses wächst. Dies führt sogar zu der paradoxen Situation, daß Gewerkschafter, die gestern den Computer als »Job-Killer« verteufelten und alle Macht nutzten, um die Modernisierung zu blockieren, heute die Unternehmer und Manager wegen versäumter Innovationen anklagen, und natürlich auch die Regierung.

Bedauerlicherweise gibt es in der Tat ein schmerzliches Kapitel mit einer langen Liste versäumter Gelegenheiten. Das vielzitierte Faxgerät ist nur ein besonders schmerzhaftes Beispiel für eine Erfindung, die in Deutschland entwickelt wurde, aber mangels unternehmerischer Initiative bei uns erst durch Japaner zur weltmarktbeherrschenden Innovation umgesetzt wurde. Der tiefere Grund für diese Versäumnisse ist zum einen das kritische Klima gegenüber Neuerungen, zum anderen aber auch eine falsche Selbstsicherheit.

In der jungen Generation verändert sich die Einstellung zur modernen Technik spürbar; die früher als besonders modisch geltende »Technikfeindlichkeit« ist im Abklingen. Tausende Beispiele im Land zeigen bei konkreten Investitionsvorhaben aber immer wieder, daß wir nach wie vor in der Regel nur einseitig Risiken und zu wenig die Chancen von Neuerungen sehen. Ein Beispiel mag es verdeutlichen: In einer Gemeinde soll ein Umsetzer für den Mobilfunk errichtet werden. Es wird eine Bürgerinitiative gegründet, die den Gemeinderat unter Druck setzt, gespeist aus der Angst vor dem »Elektrosmog«. Die Bürgerinitiative findet Zustimmung bis weit in die bürgerlichen Bereiche hinein. Bei einer Veranstaltung argumentiert ein Abgeordneter der Grünen: »Eine negative Wirkung kann nicht belegt werden, sie ist aber auch nicht mit 100 Prozent auszuschließen. So lange dies nicht mit absoluter Sicherheit möglich ist, darf der Umsetzer nicht errichtet werden.« Allgemeiner Beifall ist die Folge.

Das ist ein Beispiel für die Realitäten hierzulande und typisch für die immer noch weit verbreitete Einstellung: »Wir wollen hundertprozentige Sicherheit.« Aber: Welche Neuerung, ob in Medizin oder Technik, hätte eingeführt werden können, wenn von vornherein hundertprozentige Sicherheiten gegen jede Nebenwirkung und jedes Risiko der Maßstab wären? Hier ist das Wegzeichen für den Abstieg. Die Sehnsucht nach den hundertprozentigen Sicherheiten ist jedoch weit verbreitet und keine Spezialität grüner oder linker Gruppen. Dies gilt es zu sehen und argumentativ aufzuarbeiten.

Neben den Einstellungen sind vorhandene Strukturen das größte Hemmnis für Innovationen. Alle guten Absichten, alle Appelle und die meisten Fördermittel verpuffen, wenn die Strukturen letztlich blockieren. Wir sollten deshalb nicht lange über die Einstellungen anderer Menschen klagen, sondern präziser analysieren, welche

Strukturen wir verändern müssen, damit wir einen positiven Prozeß freisetzen, damit der Prozeß der Innovationen und des entsprechenden Klimas dafür eine entsprechende Eigendynamik erhält. Es hat keinen Sinn, den Motor zu verstärken, wenn gleichzeitig der Fuß nicht von der Bremse genommen wird. Keinesfalls als abschließende Darstellung, sondern nur beispielhaft sollen dafür zehn Bereiche beschrieben werden.

Entbürokratisierung – die notwendige Schlankheitskur

Entbürokratisierung ist zu einem wichtigen Thema der Politik und der öffentlichen Diskussion geworden. Und wer ist schon für Bürokratie? Die Lebenswirklichkeit ist freilich, daß im konkreten Fall fast jeder seine Belange exakt abgesichert haben möchte. Entbürokratisierung ist eine erste Stufe in einem notwendigen Prozeß, in dem Einstellungen und Strukturen verändert werden müssen.

Bürokratie ist keinesfalls nur ein Problem der Verwaltungen, sondern es ist das Spiegelbild einer Gesellschaft, die für alles eine Absicherung sucht. Baptist Kitzlinger, der frühere Landrat von Passau, hat die Situation einmal lebenspraktisch und treffend folgendermaßen beschrieben: »Früher hat man im Dorf zum Nachbarn, der zu bauen beginnt, hinübergerufen: ›Kann ich Dir helfen?‹ Heute wird meistens hinübergerufen: ›Dir werd' ich schon helfen!‹«

Entbürokratisierung bedeutet zunächst Effizienzsteigerung im Rahmen des Bestehenden. Damit müssen ordnungspolitisch noch keine neuen Strukturen geschaffen werden. In diesem Zusammenhang ist es unredlich, die Bediensteten der Verwaltungen als reformunwillig zu beschimpfen, wenn gleichzeitig Vorschriften und Anreizsysteme die immer stärkere Reglementierung und den damit verbundenen Aufwand fördern. Deshalb ist in einer grundlegenden Reform des Öffentlichen Dienstes vor allem zu prüfen, welche Anreizsysteme kontraproduktiv sind. Solange beispielsweise aufgrund entsprechender Vorschriften die Zahl der Beförderungsstellen und der Aufstiegsmöglichkeiten von der Zahl der Mitarbeiter abhängig ist (Stellenkegel), wird verständlicherweise ein entsprechender Mechanismus der Personalausweitung gefördert.

Die Neuordnung der öffentlichen Verwaltung muß dabei schon heute in Verbindung gebracht werden mit der Veränderung der Organisationsstrukturen durch die Informationsgesellschaft. Gegenwärtig wird die Reform des Öffentlichen Dienstes noch weithin unter den Bedingungen des Status quo diskutiert. Und – besonders wichtig: Zur notwendigen Entbürokratisierung gehört zwingend die mutige Delegation nach unten, die konsequente Dezentralisierung.

Entstaatlichung – Revitalisierung durch mehr Freiraum

In den Zeiten finanzieller Zuwächse wurden vom Staat immer mehr Aufgaben übernommen, die nicht zwingend seine Sache sind. Wie sehr dieses Denken verfestigt ist, zeigt sich in der Auseinandersetzung um die notwendige Entstaatlichung. Auch in bürgerlichen Kreisen gibt es dabei weithin ein Reaktionsmuster, das in etwa lautet: Wenn es der Staat (die öffentliche Hand, die Kommune) macht, ist dies auf jeden Fall gerechter, als wenn die Aufgabe von einem Privaten wahrgenommen wird. Privat ist in der Nähe von Profit, Profit ist etwas Unmoralisches.

Nicht zuletzt in weiten Bereichen der Kommunalpolitik haben wir über Parteigrenzen hinweg ein deutliches Abwehrverhalten gegen eine Politik der Entstaatlichung.

Wie ist die Situation in der CSU? Für die CSU droht die Gefahr eines Bruchs zwischen Bundes- und Landespolitik einerseits und der Kommunalpolitik andererseits. Die Gefahr der Entfremdung, das Abdriften der Kommunalpolitik in einen politischen Pragmatismus, in dem politische Gruppierungen kaum mehr unterscheidbar sind, darf nicht unterschätzt werden. Aber auch hier gilt: Bevor wir die

Kommunalpolitiker kritisieren, müssen wir Führungskräfte in der Partei uns fragen, ob wir das Konzept der Entstaatlichung auch als einen gesellschaftspolitischen Entwurf einer freien und kreativen Gesellschaft entsprechend verständlich gemacht haben.

Wahr ist, daß nur die Finanzknappheit die Chance zu dieser Neuordnung und zur notwendigen Entschlackung bietet. Wir haben in der CSU, angestoßen durch die Junge Union, auch in den 70er Jahren bereits über Entstaatlichung und Entbürokratisierung debattiert. Wir haben aber kaum etwas verändert, weil die schmerzlichen Kurskorrekturen in Zeiten ständiger finanzieller Zuwächse nicht durchsetzbar waren. Wir flüchteten in die Mehrausgaben und in die Ausweitung der Staatsaufgaben. Die Finanzknappheit versperrt nun diesen Seitenausgang. Dies ist heute die große Chance!

Mehr Wettbewerb ist eine moralische Verpflichtung

Umfragen zufolge ist eine große Mehrheit der Menschen in den neuen Ländern der Meinung, daß die Soziale Marktwirtschaft leistungsfähiger, die Planwirtschaft jedoch menschlicher ist. Die Ergebnisse der Wettbewerbswirtschaft werden gerne angenommen, aber gleichzeitig wird diese Wirtschaftsordnung innerlich abgelehnt.

Dieser Vorbehalt ist jedoch nicht auf den Osten beschränkt. Auch im Westen gilt der Wettbewerb als »unmoralisch«. Er wird mit »Ellenbogenmentalität« gleichgesetzt. Die christliche Soziallehre zum Beispiel hat bis heute große Probleme, zum Wettbewerb eine positive Einstellung zu finden. Ihm fehle, so wird gesagt, die »ethische Komponente«. Diese Einschätzung ist falsch. Gerade aus moralischen Gründen ist es notwendig, mit geeigneten Spielregeln Wettbewerb zuzulassen und zu fördern. Denn: Nur über den Wettbewerb kommen wir zu den bestmöglichen Problemlösungen. Der Wettbewerb ist ein breit angelegtes Entdeckungsverfahren; er ermöglicht es, daß sich neue Ideen und Initiativen durchsetzen. Wir haben deshalb auch keine Alternative: Angesichts der Fülle von Problemen heute und morgen sind wir geradezu verpflichtet, das bestmögliche Entdeckungsverfahren für Problemlösungen zu fördern. Wie sonst sollte zum Beispiel die weltweit zunehmende Umweltproblematik entschärft werden?

Die Effizienz des Wettbewerbs ist die Voraussetzung für all jene Bereiche, die »jenseits von Angebot und Nachfrage« liegen. Er schafft zum Beispiel die finanziellen Grundlagen, um den Schwachen in der Gesellschaft wirksam zu helfen. Auch ein erfolgreicher Umweltschutz braucht die Leistungskraft der Marktwirtschaft. Und: Erst die Effizienz des Wettbewerbs versetzt die Menschen in die Lage, ihr Leben nach eigenen Vorstellungen in Gemeinschaft mit anderen selbst zu gestalten.

Natürlich ist der Wettbewerb alles andere als bequem. Nicht von ungefähr hat der Nationalökonom Joseph A. Schumpeter einmal vom »Prozeß der schöpferischen Zerstörung« gesprochen. Strukturwandel allein aufgrund neuer, besserer Erfindungen nach dem Motto »Das Bessere ist der Feind des Guten« mutet den betroffenen Menschen die permanente Bereitschaft und Fähigkeit zu, sich umzustellen. Schmerzhafte Anpassungen und soziale Härten sind leidvolle Begleiterscheinungen. Aber: Wenn wir den notwendigen Wandel blockieren, gefährden wir unsere eigene Zukunft.

Politik, Wirtschaft und Wissenschaft haben in den letzten Jahren zu wenig getan, um den tieferen Sinn von Marktwirtschaft und Wettbewerb zu verdeutlichen. Dies gilt vor allem mit Blick auf die neuen Länder. Aber auch im »Westen« haben wir einen großen Nachholbedarf. Sind wir uns zum Beispiel bewußt, daß die »soziale Gerechtigkeit« zwei Seiten hat? Es gibt eine soziale Gerechtigkeit nicht nur denen gegenüber, die auf soziale Errungenschaften angewiesen sind, sondern auch denen gegenüber, die mit ihrer Arbeit, mit ihrer Leistungskraft diese sozialen Errungenschaften erst ermöglichen. Wir müssen deshalb den Wettbewerb aus der amoralischen Ecke herausholen. Es gilt deutlich zu machen, daß er eine sittliche, eine moralische Qualität hat. Selbstverständlich sind dabei entsprechende »Spielregeln« notwendig, wie sie ja auch im Sport Voraussetzung sind. Der Wettbewerb ist nur dann gut, wenn er saubere Regeln hat. Wir müssen zum Beispiel Rahmenbedingungen verwirklichen, unter denen sich Tugenden wie Einsatzfreude, Fleiß und Pflichtbewußtsein auszahlen.

Konkurrenz und Wettbewerb haben eine wichtige korrigierende Wirkung gegenüber dem Eigeninteresse des einzelnen. Sie setzen dynamische Kräfte frei, die nach vorne drängen:

»Die Konkurrenz mit ihren vielfältigen Formen ist eine laufende Herausforderung menschlicher Leistungsfähigkeit, Phantasie, Intelligenz, Intuition, Einfühlung, Weitblick und Denken in Alternativen. Sie diszipliniert und motiviert, sie impliziert Risiken und eröffnet Chancen, sie belohnt die schöpferischen Kräfte und bestraft Trägheit und Mangel an Flexibilität – sie ist ein unabdingbares Ordnungsprinzip in einer Welt der Ressourcenknappheit, also in einer Welt außerhalb des Paradieses.«

(Norbert Walter, Der neue Wohlstand der Nationen, Düsseldorf 1994)

Die Stärkung des Wettbewerbs ist auch die Basis für eine Politik, die sich die Ziele Entstaatlichung und Deregulierung gesetzt hat. Es geht um eine Entfesselung der Kräfte, um eine Revitalisierung durch mehr Freiraum für neue Ideen und Initiativen. Soviel Wettbewerb wie möglich – so heißt der entscheidende politische Auftrag für die nächsten Jahre. Seine Verwirklichung erfordert eine Neubelebung der Grundideen und der Mechanismen der Sozialen Marktwirtschaft. Dieses Konzept wird der Natur des Menschen am meisten gerecht und ist gleichzeitig der Menschen würdig.

Nur: wir dürfen nicht in einer Debatte um Finanzierungsfragen und die Grenzen der Finanzierung stehenbleiben. Wir müssen den gesellschaftspolitischen Entwurf, die gesellschaftspolitischen Notwendigkeiten im Hinblick auf unsere Zukunftsfähigkeit verdeutlichen. Dies ist der Kern der Entstaatlichung: Freiräume schaffen für einen Wettbewerb der Ideen und der Initiativen, um zu den bestmöglichen Problemlösungen zu kommen.

Hier geht es um fundamentale ordnungspolitische Fragen, was gleichzeitig auch eine stärkere Unterscheidung der Parteien und der politischen Strömungen bringen wird, sofern wir den Mut zum konsequenten Handeln haben.

Dezentralisierung setzt Kräfte frei

Für den Unterschied von Industriegesellschaft und Informationsgesellschaft ist auch typisch, daß die Industriegesellschaft durch Zentralsteuerung und große Einheiten geprägt war, während sich die Informationsgesellschaft in eine immer stärkere Differenzierung und in eine Betonung der kleinen Einheit entwickelt.

Die moderne Informationstechnik macht dies in einem früher undenkbaren Ausmaß möglich. Die Einführung der EDV brachte zunächst noch einmal einen starken Zentralisierungsschub in Staat und Wirtschaft, weil nur so die Massenarbeiten, die durch die EDV bewältigt wurden, erledigt werden konnten. Die Weiterentwicklung der Technik brachte den Weg zur Dezentralisierung, der Personalcomputer ist dafür typisch. In der Industrie hat man diese Möglichkeit unter dem Druck des Wettbewerbs genutzt – nicht weil man hier von Haus aus die besseren Einsichten hätte.

Glaubte man zunächst, mit der Einführung der EDV die idealen Möglichkeiten für eine effiziente Führung von der Spitze her zu haben, mußte man schmerzlich erkennen, daß die Zentralisierung zur Strangulierung der Kreativität, zur Anonymisierung und Undurchschaubarkeit, zur Kundenferne führt. Vergleicht man die Organisationspläne vieler Firmen von früher und von heute, so ist dieser Trend der Dezentralisierung bei gleichzeitiger Vernetzung eindeutig. In der öffentlichen Verwaltung und in der Politik haben wir diesen Prozeß nicht nachvollzogen. Es gab keinen Wettbewerb, der uns dazu zwang. Nur so könnten aber die beharrenden Kräfte überwunden werden. Schließlich müssen mit der Dezentralisierung bisherige Machtpositionen aufgegeben werden. Welcher Betroffene will das schon und wehrt sich nicht?

Zu den Qualitätsvorstellungen bayerischer Staatsverwaltung gehört es zum Beispiel, daß Gesetze und Verordnungen im ganzen Lande einheitlich und in gleicher Qualität vollzogen werden und dafür die Ministerien »den Durchgriff« haben. Solange diese Wertvorstellungen nicht korrigiert werden, wird man sich in den Ministerien mit allen Einflußmöglichkeiten dagegen wehren, daß sich innerhalb eines zu definierenden Rahmens im Lande auch Dinge unterschiedlich entwickeln können, damit ein Prozeß der unterschiedlichen Erfahrungen, der Innovationen, des Wettbewerbs der Ideen und damit der bestmöglichen Lern- und Erfahrungsmöglichkeiten und der besten Problemlösungen entsteht. Der bisherigen Qualitätsvorstellung muß eine andere gegenübergestellt werden, die letztlich das Betreten der Brücke zu neuen Ufern ohne Gesichtsverlust und Qualitätsverlust ermöglicht. Dies ist politische Führungsaufgabe.

Hier geht es letztlich auch um eine Grundsatzfrage des Föderalismus. Föderalismus darf nicht nur als Forderung in der Europapolitik verstanden werden, sondern ist als konsequentes Prinzip in der ganzen Staatsorganisation zu sehen.

Manche Konservative haben Hemmungen, diese Betonung der Bedeutung der kleinen Einheit zu übernehmen, weil davon »doch die Umweltschützer zuerst geredet haben«. Diese haben zuerst davon geredet, weil die Lebensgesetze in der Natur zu dieser Erkenntnis geführt haben. Es sind aber auch diese Erkenntnisse, die die Marktwirtschaft erfolgreich gemacht haben, weil sie eben im Gegensatz zur Planwirtschaft keine Zentralsteuerung kennt und daraus ihre Innovationskraft schöpft. Auch ist das Subsidiaritätsprinzip der christlichen Soziallehre sehr viel älter als die Entdeckung der kleinen Einheit durch den Umweltschutz.

Das Subsidiaritätsprinzip ist gesellschaftspolitisch das, was die Dezentralisierung in der Organisationslehre ist. Das Subsidiaritätsprinzip ist ein ureigenes Gedankengut der Union, übernommen aus der christlichen Soziallehre. Es wäre eine große Tragik und eine unverzeihliche Fehlleistung, wenn wir diese neue Aufgabe der

konsequenten Anwendung des Subsidiaritätsprinzips in Verbindung mit den Möglichkeiten der modernen Technik und der modernen Gesellschaft anderen überlassen würden. Die konsequente
Politik der Anwendung des Subsidiaritätsprinzips, der Dezentralisierung, der Stärkung der kleinen Einheit muß ein besonderes
Markenzeichen der Politik der Union werden. Nur mit diesem
Strukturprinzip kann sich die notwendige Kreativität für die notwendigen Innovationen entwickeln.

Daß die kleine Einheit gleichzeitig der wichtigste Bereich der
Beheimatung, der Identifikation für die Menschen ist, wird an anderer Stelle noch zu behandeln sein.

Kostentransparenz fördert Kostenbewußtsein

Die moderne Gesellschaft und der moderne Staat sind so unübersichtlich geworden, daß Zusammenhänge immer weniger erkennbar werden. Dies gilt insbesondere auch für die Kosten, die mit Leistungen verbunden sind. Wer weiß denn, was ein Platz im Kindergarten, in der Schule, in der Universität kostet? Wer weiß denn zum
Beispiel, daß in den alten Bundesländern ein Studienplatz für Hu-
manmedizin pro Jahr etwa 36000 Mark kostet, ein Studienplatz für
Mathematik oder Naturwissenschaften rund 10600 Mark und ein
Studienplatz für Recht, Wirtschaft oder Sozialwissenschaften rund
3300 Mark? Wer kennt denn den Aufwand, der dem Staat bei einem Besuch im Schwimmbad, in der Bücherei, beim Amtsarzt entsteht? Die Liste ließe sich fast beliebig verlängern. Wohlgemerkt – es
geht hier nicht um die Gebühren, die der Bürger für die Inanspruchnahme staatlicher Leistungen zahlt. Diese machen oft nur einen Bruchteil der tatsächlichen Kosten aus. So liegen zum Beispiel
die Eintrittspreise für staatliche Museen erheblich unter den Kosten.

Die Stadt Weißenburg in Bayern zählt zu den Kommunen, die
hier aussagekräftige Zahlen ermitteln. Dort liegen zum Beispiel
beim Städtischen Freibad die Kosten bei rund 18 Mark pro Be-
sucher, es werden aber nur vier Mark je Eintritt verlangt (für Er-

wachsene). Die Kosten eines Kindergartenplatzes belaufen sich auf 411 Mark im Monat, berechnet werden 100 Mark.

Wo es keine Kenntnis der Kosten gibt, kann es auch kein Kostenbewußtsein geben. Mit welchem Recht beklagen wir das Anspruchsdenken der Bürger, wenn wir ihnen gar nicht sagen können, was ihre Ansprüche konkret kosten? Hier sind Konsequenzen in unserem Finanz- und Haushaltswesen auf allen Ebenen unabdingbar.

Wir alle klagen über die hohe Steuer- und Abgabenlast. Als Anklage an die Politik wird formuliert: »Wo bleibt das viele Geld?« Natürlich gibt es noch Rationalisierungspotentiale, mögliche Effizienzsteigerungen und selbstverständlich auch da und dort einmal Fehlentscheidungen und Fehlentwicklungen, wie sie dann der Rechnungshof aufgreift. Die Grundprobleme liegen jedoch tiefer. Die entscheidende Antwort heißt: Unsere Art zu leben ist sehr teuer. Ein exemplarisches Beispiel aus dem Umweltbereich mag dies verdeutlichen: die Steigerung der Müllgebühren in den letzten fünf Jahren. Hierin kommt nicht Unwirtschaftlichkeit zum Vorschein, sondern sie ist Ausdruck einer zunehmenden »Kostenwahrheit«. Diese Entwicklung ist letztlich nichts anderes als eine Vollkostenrechnung für unseren Umgang mit Ressourcen, unserem Verbrauch an Material.

Auch die Veränderung der Sozialstrukturen führt zu erhöhten Kosten. So ist zum Beispiel der Mensch nicht mehr von Geburt bis zum Sterben in einen Familienverband eingebettet, Betreuung von außen wird erwartet. Die Konsequenz sind hohe Kosten. Niemand will und kann diese Entwicklung zurückdrehen. Aber: Die Anonymität der Kosten muß offengelegt werden. Voraussetzung dafür ist eine Analyse der modernen Gesellschaft; ihrer Vorteile, aber auch ihrer Kosten. Es ist und bleibt Wunschdenken, daß die Vorteile beider Gesellschaftsordnungen, der Agrargesellschaft mit ihren Familienverbänden und der heutigen Gesellschaft mit hoher Individualisierung, beliebig miteinander verbunden, jedoch die Nachteile, die Kosten, verdrängt werden könnten. Wir müssen uns selbst zunächst einen Spiegel vorhalten hinsichtlich der Kosten unserer

Art zu leben, damit wir die entsprechenden Voraussetzungen für die Einsicht in notwendige Korrekturen überhaupt erst schaffen.

Das Bildungswesen – Quelle der Innovationen?

Wird unser Bildungswesen – vom Kindergarten bis zur Universität – den Herausforderungen unserer Zeit gerecht – gerade auch unter dem Aspekt der Fähigkeit zur Innovation, der Förderung der Kreativität?

Die moderne Arbeitswelt ist vor allem durch Teamarbeit geprägt. Bietet die Schule dafür die notwendigen Voraussetzungen, über Wissensvermittlung hinaus? Wir müssen uns ernsthaft mit dem Argument mancher Repräsentanten der Wirtschaft auseinandersetzen, daß unser Schul- und Bildungswesen die Anforderungen an Kreativität und Teamfähigkeit zu wenig fördern würde.

Dies ist freilich kein Argument gegen die notwendigen Anforderungen des Lernens und noch weniger ein Argument gegen Eliteförderung. Das Schulsystem muß so sein, daß die Hochbegabten ihre Fähigkeiten bestmöglich entwickeln können, denn sie sind die Pioniere der Kreativität, der Innovationen für unser Volk und für die Zukunft unseres Landes. Die leidigen Kompromisse der Kultusministerkonferenz mit den ideologischen rot-grünen Blockaden wirken gegen diese Aufgabe.

An anderer Stelle wird zu erörtern sein, wie als Ausgleich zu der Fähigkeit zur Veränderung auch die emotionalen Werte, die Förderung der eigenen Identität, der eigenen Kultur und der Beheimatung verstärkt gefördert werden können.

Eine besonders kritische Auseinandersetzung ist für die Situation unseres Hochschulwesens notwendig. Welchen Beitrag leisten unsere Universitäten und Hochschulen für die Innovationskraft unseres Volkes? Josef Joffe spricht in seiner Analyse von der Selbstzerstörung eines Denkmals, vom Niedergang der deutschen Universitäten. Er vergleicht aufgrund eigener Erfahrung die Strukturen und die damit verbundene Entwicklung in den USA sowie in Deutschland und kommt im Endergebnis zu einer deprimierenden Diagnose. Die Ursache sieht er in einem »eisernen Gesetz« einer jeden Institution:

»Auf sich allein gestellt, abgekapselt von äußerer Konkurrenz oder Vorgaben von oben, fällt jede Institution dem Qualitätsverfall anheim. Denn: Keiner holt sich freiwillig einen Neuen in die Gilde, der ihm kraft seiner Energie und Brillanz gefährlich werden könnte. Solche Leute verdrängen die weniger talentierten oder müde gewordenen Alten und verderben die Preise. Mathematisch ausgedrückt: Allenfalls erstklassige Leute fördern Spitzenkandidaten; zweitklassige Leute fördern die dritte Garnitur, drittklassige die vierte ... «

(Josef Joffe, in: Süddeutsche Zeitung, 9./10. März 1996)

In der Tat muß man gegenwärtig den Eindruck gewinnen, daß gerade diejenigen Institutionen, die eine Quelle der Innovation und des Aufbruchs sein müßten, am meisten unter Verkrustungen leiden, weil Wettbewerb fehlt. Das Problem sind also nicht die Gesinnung und der mangelnde Wille einzelner, sondern falsche Strukturen, die die Entwicklung blockieren. Im Schulwesen sind die Privatschulen der Stachel im Fleisch des staatlichen Schulwesens. Außerdem wirkt die Vielgestaltigkeit des Schulwesens, insbesondere im dreigliedrigen System, als förderlicher Wettbewerb. Auch im Schulwesen kommt es nicht von ungefähr, daß die Qualität und die Innovationskraft dort besser ist, wo es nicht das Einheitsschema des Gesamtschulsystems gibt, sondern die Alternativen des gegliederten Schulwesens.

Die Finanzknappheit zwingt die Politik im Bereich der öffentlichen Verwaltung, neue Wege zu suchen und den effizienteren Einsatz vorhandener Mittel zu fördern. Darüber hinaus ist der internationale Wettbewerb um Investitionen und Arbeit eine Stimulanz. Die Hochschulen pochen bei entsprechenden Anforderungen von außen rasch auf ihre Selbstverwaltung. Der Politik sind hier Grenzen gesetzt, und sie scheut sich bislang, in dieses Prinzip stärker einzugreifen.

Zu den eher deprimierenden Erfahrungen zählt gegenwärtig, daß die Prinzipien der Selbstverwaltung fast nirgendwo befriedigend funktionieren. Die Krankenkassen, die Bundesanstalt für Arbeit und eben auch die Universitäten – alles Beispiele dafür, daß sich gesellschaftliche Gruppen rasch relativ bequem einrichten, jedoch die Verantwortung auf den Staat abgeschoben wird. Nun kann die Antwort weder im Bildungswesen noch anderswo sein, deswegen mehr Staat einzurichten. Die Antwort muß heißen: Strukturen entwickeln, in denen Wettbewerb möglich ist. Dies ist wohl auch der einzig erfolgversprechende Weg, damit unsere Hochschulen wieder ein Hort der Innovation für die Fortentwicklung Deutschlands werden. Ein Spitzenstandard in der Grundlagenforschung reicht dafür nicht aus.

Die Älteren haben andere Prioritäten – die junge Familie noch stärker fördern

Es liegt in der Natur des Menschen, daß er mit zunehmendem Alter in aller Regel weniger kreativ und risikofreudig ist. Unter diesem Aspekt ist die sich dramatisch verändernde Altersstruktur in unserem Lande zumindest eine ernste Anfrage an die Innovationsfähigkeit unseres Volkes. Mit der sich verändernden Altersstruktur werden die Anforderungen und Ansprüche an die Politik in ihren Prioritäten sich ebenfalls verändern. Ältere Menschen setzen mehr auf Sicherheit, weniger auf Veränderung. Auch unter diesem Gesichtspunkt muß die Förderung der Familie, die Verbesserung der Bedingungen für Kinder und für Familien mit Kindern in unserer Gesellschaft mehr Gewicht bekommen.

»Der Nachwuchs wird spärlich, dadurch sinkt die Zahl frisch ausgebildeter, innovativer und motivierter Erwerbspersonen auf dem Arbeitsmarkt. Dies wiederum dürfte dazu beitragen, daß sich die internationale Wettbewerbsposition verschlechtert und der Wachstumstrend abflacht.«

(Meinhard Miegel/Stefanie Wahl,
Das Ende des Individualismus, Bonn 1994)

Das Thema »Förderung der Familie« muß dabei unter verschiedenen Blickwinkeln beleuchtet werden. Wo über Familie gesprochen wird, beherrschen oftmals Zahlen das Feld. Scheidungszahlen, Geburtenziffern, Einkommensbeträge und »demoskopische Prozente« verleiten mitunter jedoch zu einer monokausalen Sichtweise und verstellen so den Blick auf komplexe gesellschaftliche Zusammenhänge und Wechselwirkungen. Was aber steckt hinter den Zahlen? Welche gesellschaftlichen Entwicklungs- und Wandlungsprozesse jenseits von »Mark und Pfennig« prägen die Situation der Familien? Hierzu nur ein Beispiel: Ein Oberverwaltungsgericht hat erklärt, daß eine Kindertagesstätte in einem reinen Wohngebiet nicht zumutbar ist. Die Lärmbelästigung durch den Bau, das Spielen sowie das Bringen und Abholen der Kinder müßten die Nachbarn nicht hinnehmen. Ist dies nicht ein Alarmsignal?

Über den Gartenzaun schauen

Wir sind in der Gefahr, den Anschluß an die dynamischen Völker zu verlieren, weil wir zu selbstbezogen nur auf uns und allenfalls noch auf das europäische Umfeld geschaut haben. Ein Ergebnis der Globalisierung und insbesondere der Informationsgesellschaft ist, daß wir vor allem im Bereich des Wissens und der Innovationen in einem weltweiten Wettbewerb und Zusammenhang stehen. Das »Über-den-Zaun-Schauen« ist dabei nicht nur für den technisch-wissenschaftlichen und den ökonomischen Wettbewerb wichtig, sondern auch für die Begegnung und das Miteinander der Kulturen. Innovation ist ja nicht auf Technik und Produkte begrenzt.

Die Japaner haben ihren Wohlstand auf Marktstrategien begründet, die sich aus einer ständigen konsequenten und weltumspannenden Beobachtung der Entwicklung in anderen Ländern ergeben hatten. Auch wir müssen die Entwicklungen, die Innovationen und Veränderungen in anderen Teilen der Erde stärker beobachten, um unsere eigene Situation sowie künftige Entwicklungen und Herausforderungen so frühzeitig wie möglich beurteilen und einordnen zu können. Es ist eine Aufgabe der Führungsebenen der Politik, der Wissenschaft und der Wirtschaft zu prüfen, welche Strukturen dafür notwendig sind.

Wirksame Anreize für mehr Leistung

Wir werden die individuellen Kräfte nur wecken und fördern können, wenn dies für den einzelnen lohnend ist. Dies kann sich in vielfältiger Weise zeigen, im sozialen Status, in der öffentlichen Anerkennung, nicht zuletzt aber auch in den damit verbundenen materiellen Ergebnissen, im Einkommen.

Die Zukunft unserer Wirtschaft hängt wesentlich am kreativen und unternehmerischen Potential unseres Mittelstandes. In den nächsten fünf Jahren gehen rund 700 000 Mittelständler in den Ruhestand und suchen Nachfolger. Hier steht ein riesiges unternehmerisches, kreatives und gesellschaftspolitisches Potential zur Disposition, dazu viele Arbeitsplätze. Aber: Welchen Anreiz hat ein junger Mensch heute, selbständig zu werden? Es ist ein Alarmzeichen, daß der Anteil der Selbständigen zurückgeht. Die Politik muß dafür die ihr möglichen Anreize aufrechterhalten oder schaffen, das gesellschaftliche Klima muß das unternehmerische Risiko belohnen. Gleiches gilt für den wissenschaftlichen Nachwuchs. Damit liegt eine umfassende Aufgabe vor uns. Der Aspekt »Anreize für Eigenanstrengung« beinhaltet viele politische Bereiche, von der Steuerpolitik über die konkrete Standortpolitik in der Kommune bis hin zur Sozialpolitik.

Politische Partner einer Politik für mehr Innovationen?

Mit welchem politischen Partner, mit welchen Parteien ist eine solche umfassende Politik für Innovationen zu verwirklichen? Keinesfalls kommen dafür die Grünen in Frage. Das sollten diejenigen in der Union bedenken, die damit immer wieder liebäugeln. Solche Bündnisse würden die Zukunftsfähigkeit unseres Landes blockieren.

Wir haben in Deutschland eine bemerkenswerte Situation: Die Konservativen sind – wieder einmal – diejenigen, die die notwendigen Neuerungen und Veränderungen vorantreiben. Die Revoluzzer von gestern, die 68er und ihre politischen Erben, Grün und Rot, sind die Konservierer und die Besitzstandswahrer von heute. Gewiß gibt es punktuell moderne Techniken, die auch die Grünen begrüßen, weil sie ihnen sympathisch sind. Diese punktuelle Zustimmung darf jedoch über ihre grundsätzliche Technikfeindlichkeit nicht hinwegtäuschen. Nur ergänzend sei angemerkt, daß es mit den Grünen kaum Übereinstimmungen in den zentralen Fragen der Wirtschaftspolitik, der Sozialpolitik – die Grünen sind die staatsgläubigste Partei –, der Sicherheitspolitik und Außenpolitik gibt.

Die SPD ist als Partei in dieser Frage der notwendigen Innovationen weithin durch gegensätzliche Positionen handlungsunfähig. Mit Teilen der SPD wäre eine Politik für mehr Innovationen durchaus realisierbar, andere Teile, vor allem die links-grünen Bataillone, blockieren dies sowie die SPD insgesamt. Im Bereich der Entbürokratisierung zum Beispiel würde die SPD im großen und ganzen mitgehen, im Bereich der Entstaatlichung aber wird sie an die Grenzen ihrer Handlungsfähigkeit stoßen und daher kaum ein Partner sein.

Und die FDP? In der Wirtschaftspolitik zeigt die FDP eher Tendenzen zum alten Manchester-Liberalismus. Sie steht einer Freien Marktwirtschaft näher als einer Sozialen Marktwirtschaft. Trotzdem ist die FDP von allen anderen Parteien am ehesten zur Veränderung bereit. Allerdings muß man darauf achten, daß die FDP als typische Klientel-Partei nicht nur ihre Wähler bedient.

Die Wurzeln pflegen

Die Entwurzelung der Menschen – vor allem die geistige Entwurzelung durch Pluralismus, Mobilität und raschen Wandel – ist ein immer drängender werdendes Problem unserer heutigen Gesellschaft. Immer mehr Menschen fühlen sich durch den raschen Wandel überfordert. Die Gefahr von Brüchen, beim einzelnen und in der Gesellschaft, ist latent. Wir sollten die damit verbundenen Gefahren nicht unterschätzen. Vor allem auch deshalb, weil sich der Wandel aufgrund der technischen Innovationen und des internationalen Wettbewerbs noch beschleunigen wird.

Kontinuität fördert Identität

Eine Politik der umfassenden Förderung von Innovationen, damit auch von Veränderungen, könnte diesen problematischen Trend zunächst noch verstärken. Wir wissen aus der Geschichte: Kontinuität fördert Identität:

»Alle Gesellschaften sind bestrebt, aus vielerlei Gründen – politischen, sozialen, religiösen, ökonomischen – eine Identität in der Zeit, also Kontinuität zu erhalten. Bei der Erreichung dieses Ziels gibt es eine Risikoschwelle: den Generationswechsel. Nicht von ungefähr investiert jede Gesellschaft einen enormen Aufwand in Integration und Erziehung. Jede Generation versucht, die nachfolgende an die Kontinuitätskette zu legen. Kontinuität erfordert, daß Normen und Erfahrungen über die Grenzen der Generationen hinweg transportiert werden können. In ihr erfüllt sich teilweise das Streben nach Verläßlichkeit, Vertrautheit und Einverständnis, das in allen Gesellschaften zu beobachten ist.

Diese Vertrautheit ist jedoch nur möglich, wenn sich die Erfahrung mit gewissen Verhaltensregelmäßigkeiten rechnen läßt. An diesem einen seidenen Faden hängt also unser Verhalten zur Wirklichkeit. Wir orientieren unser Handeln an dem vermuteten Verhalten des anderen. Jede Gesellschaft lebt insofern von einem Vorschuß an historisch abgesichertem Vertrauen. Wo dieses Vertrauen fehlt oder wo dieses Vertrauen in Mißtrauen umschlagen muß, dort büßen die sozialen Beziehungen ihre Kalkulierbarkeit ein.«

(Werner Weidenfeld, in: Süddeutsche Zeitung vom 5.12.1995)

Der Zusammenhang von Tradition und Zukunftsfähigkeit

Trotzdem gibt es dazu keine Alternative, es sei denn die des Abstiegs und der dann folgenden Brüche, gar Revolutionen. Die Reaktion der Politik muß anders sein. Es ist wichtig, das notwendige Gegengewicht tatkräftig zu fördern. Die Aufgabenstellung scheint dabei nicht neu zu sein:

»Es gab wahrscheinlich nie einen echten Glauben an die Freiheit und gewiß keinen erfolgreichen Versuch, eine freie Gesellschaft zu schaffen, ohne eine echte Ehrfurcht vor entstandenen Einrichtungen, vor Bräuchen und Gewohnheiten und vor allem jenen Sicherungen der Freiheit, die sich aus lang bestehenden Regelungen und alten Gepflogenheiten ergeben. So paradox es klingen mag, eine erfolgreiche freie Gesellschaft wird eine immer im hohen Maße traditionsgebundene Gesellschaft sein.«

(Friedrich A. von Hayek, Die Verfassung der Freiheit, Tübingen o.J.)

Gerade die Politik der CSU kennt seit jeher dieses Spannungsfeld von Tradition und Fortschritt. Die bisher gelungene Kombination dieser Elemente ist für die Partei und für Bayern ein wesentliches Element des Erfolges und des Profils. Nun geht es um eine Fortentwicklung dieser Kombination für die zweite Hälfte der 90er Jahre und die Zeit über das Jahr 2000 hinaus.

Ähnlich wie von Hayek argumentiert Karl Schiller, der ehemalige Bundesminister und Wirtschaftswissenschaftler. Er hat für den Prozeß der Wiedervereinigung als Antwort auf anklagende Dis-

kussionen über die zerstörerischen Folgen der Sozialen Marktwirtschaft unter Bezug auf die obige Aussage von Hayek formuliert:

»Wenden wir diese Argumentation auf die Probleme des Vereinigten
Deutschland an, so kommen wir zu dem Schluß: Nicht die Prinzipien der
offenen Gesellschaft, nicht das marktwirtschaftliche Regelwerk, nicht der
Wettbewerb als Entdeckungsverfahren tendieren zur Raffgesellschaft, sondern die Beschädigungen unserer Moralregeln, wie sie sich in den letzten
Jahren deutlich zeigen, sind das Problem. Das modische Vergessen we-
sentlicher Elemente einer ›traditionsgebundenen Gesellschaft‹, ja deren
Verachtung, etwa durch die zunehmende Herabsetzung als ›Sekundärtugenden‹ (zum Beispiel ein Minimum an Selbstdisziplin, Arbeitsfleiß und
Korrektheit), das sind einige der Defizite unseres heutigen Lebens. Diese
gilt es wieder aufzufüllen.«

(Karl Schiller, Der schwierige Weg in die offene Gesellschaft,
Berlin 1994)

Es ist bemerkenswert, daß gerade Wirtschaftler die Situation so
bewerten. Viele Politiker hätten in den vergangenen Jahren solches
öffentlich kaum mehr zu formulieren gewagt. Auch Marion Gräfin
Dönhoff hebt in der »Zeit« vom 12. März 1993 die Bedeutung der
Tradition hervor: »Eine ›permissive society‹, die keine Tabus dul-
det, keine moralischen Barrikaden errichtet, und die die Bindung
an Sitte und Tradition vergessen hat, gerät leicht außer Rand und
Band.«

Wenn die Konservativen bislang solche Gedanken geäußert
haben, sind sie aus der liberalen Ecke dafür verhöhnt worden.
Daß nun diejenigen, die die gesellschaftliche Revolution, die Über-
windung der Tradition und die Auflösung der Strukturen propagiert
haben, diese Defizite entdecken und diese Forderungen aufstellen,
sollte uns weniger Anlaß zum Nachtarock sein, sondern Hoffnung
auf einen breiteren Konsens für eine entsprechende Politik.

Wiederum nicht im Sinne einer abschließenden Aufzählung, sondern nur beispielhaft, möchte ich nachfolgend einige Felder des

politischen Handelns beschreiben, die dem Ziel der Pflege der Wurzeln, der Förderung der Beheimatung und der Stabilisierung der Gesellschaft in dieser Umbruchzeit dienen.

Traditionen und Werte pflegen

Ohne Rückbesinnung auf Werte und Tugenden wie Wahrhaftigkeit, Verläßlichkeit, Opfer- und Hilfsbereitschaft, Mitgefühl, Rücksichtnahme, Pflichterfüllung, Achtung vor dem Gesetz und den Rechten anderer ist weder die gesellschaftliche Krise von heute noch die Herausforderung der Informationsgesellschaft von morgen zu bewältigen. Zu diesen mehr »traditionellen Tugenden« müssen »neue Tugenden« wie Kreativität, Teamfähigkeit und Toleranz hinzukommen. Normen und Traditionen sind ein wichtiges Erfahrungswissen, das Orientierung gibt. Viktor E. Frankl sieht einen Zusammenhang zwischen dem Verlust von Traditionen und den allgemeinen Sinnkrisen.

»Wenn ich gefragt werde, wie ich mir die Heraufkunft dieses existentiellen Vakuums erkläre, dann pflege ich die folgende Kurzformel anzubieten: ›Im Gegensatz zum Tier sagen dem Menschen keine Instinkte, was er muß, und im Gegensatz zum Menschen von gestern sagen dem Menschen von heute keine Traditionen mehr, was er soll. Nun, weder wissend, was er muß, noch wissend, was er soll, scheint er oftmals nicht mehr recht zu wissen, was er im Grunde will. So will er denn nur das, was die anderen tun – Konformismus! Oder aber er tut nur das, was die anderen wollen – von ihm wollen – Totalitarismus.‹«

(Viktor E. Frankl, Das Leiden am sinnlosen Leben, Freiburg 1993)

Unter diesem Aspekt gewinnt Brauchtum (nicht Folklore!) eine besondere Bedeutung:

»Brauchen wir Brauchtum? Braucht eine moderne Industriegesellschaft wie die unsere noch Brauchtum, oder muß sie es als überflüssigen Ballast abwerfen, sich aufmachen zu neuen Gewohnheiten, Mentalitäten, Symbolen? Brauchtum ist zunächst Rückbindung an die Vergangenheit. Kein Mensch beginnt bei der Stunde Null, sondern knüpft an Lebensweisheit, an Erfahrungen und Vorgaben vergangener Generationen an. Brauchtum ermöglicht Miteinander in der Gegenwart. Nichts bindet Menschen mehr aneinander wie Freude, Fest und Feier. Gestern wie heute. Brauchtum kann Einsamkeit, Beziehungslosigkeit und Gleichgültigkeit der Menschen durchbrechen und ihren Alltag zu einem Fest werden lassen. Feiern kann man nur gemeinsam. Brauchtum aber trägt auch die Dimension der Zukunft in sich. Wir dürfen nicht leben nach dem Motto: Nach uns die Sintflut. Wir stehen im Kommen und Gehen der Generationen. Unsere Kinder und Enkel werden von dem leben, was wir hinterlassen und verbreiten – an Fruchtbringendem und an Zerstörerischem. Sie werden nicht leben können allein von Konsum und Luxus, von Computern und Robotern, leben auf einem ausgebeuteten Planeten. Lebendiges Brauchtum kann Zeichen dafür sein, daß wir die Kette nicht abreißen lassen wollen, daß wir Verantwortung für die Zukunft tragen.«

(Martin Seidenschwang, Wohin gehst Du?, Pfaffenhofen 1990)

Deshalb haben auch unsere Traditionsvereine und die Pflege des Brauchtums eine große gesellschaftspolitische Bedeutung. Absurd ist eine Position, wie sie in dem Entwurf für das FDP-Grundsatzprogramm beschrieben ist: »Eine durchgängige Befreiung der Gesellschaft aus der Zwangsjacke der Vernormung und der Verregelung ist die einzige Chance, den Menschen die Freiheit wieder zu übereignen.«

Eine Befreiung von überflüssiger Bürokratie und von Bevormundung ist überfällig, eine Befreiung von Normen und Regeln ist nicht nur modischer Firlefanz und Anbiederung, dies ist lebensgefährlich. Der FDP-Generalsekretär und seine Programmformulierer atmen hier als Nachzügler noch den Zeitgeist der 68er, denen bürgerliche Traditionen und Strukturen nur ein Instrument der Unterdrückung waren. Doch der Zeitgeist setzt mittlerweile ganz andere Signale. So berichtet das Nachrichtenmagazin »Focus« (»Rituale – Stützmauern der Seele«; 13/1996), daß die Psychologen die Bedeutung von Ritualen, gemeinsamen Feiern und »bedeutungsschweren Zeremonien« wiederentdecken, denn »dieses Gerüst aus offiziellen oder selbstgestrickten Regeln scheint uns Halt, Orientierung und Sicherheit zu vermitteln« (Hildegard Ressel, Therapeutin) – gerade für Menschen, die keinen Zugang mehr zu Tradition und Ritualen der Kirchen sowie den davon abgeleiteten Traditionen und Ritualen gesellschaftlicher Gruppen haben. Lebenslaufzeremonien für Hochzeiten, Geburts-, Jugend- und Totenfeiern werden wieder angeboten. Es wird wiederentdeckt, daß gerade Kinder Rituale besonders nötig haben, um das Chaos der Eindrücke zu ordnen und bedeutsame Fixpunkte für ihr Leben zu entwickeln. Sogar für die Erscheinungen der modernen Welt werden neue Rituale entwickelt, etwa für das Auseinandergehen nach der Scheidung oder für den Übergang vom Arbeitsleben in den Ruhestand.

Die Gemeinschaften fördern

Zu einer der größten Bedrohungen unseres Gemeinwesens ist der Trend des Rückzugs ins Private geworden. Die Antwort unserer Politik darauf muß heißen: alles fördern, was darauf abzielt und dafür geeignet ist, die Gemeinschaftsbildung zu erhalten und zu unterstützen. Hier kommt den Vereinen, aber auch allen Formen der Gemeinschaftsbildung, einschließlich von Spontan- und Selbsthilfegruppen, eine überragende Bedeutung zu. Deshalb ist es falsch, wenn wir im Zuge der Finanzknappheit womöglich gerade hier unter dem Aspekt der »freiwilligen Leistungen« zu kürzen beginnen. Es ist besser, beim Baustandard für Hochbauten oder Straßen Geld zu sparen. Auch in finanzpolitisch angespannten, schwierigen Zeiten ist es sinnvoll, alle Initiativen zu fördern, die der Gemeinschaftsbildung dienen.

Diktaturen fürchten die freie Organisation der Menschen in solchen Vereinigungen, sie reglementieren oder unterdrücken sie. In der Demokratie haben sie aber eine besondere Bedeutung: Lebendige Vereine, die Vielfalt der gesellschaftlichen Gruppierungen sind ein Zeichen der Lebenskraft.

Eine überragende Bedeutung hat dabei das Ehrenamt. In alle unsere Versammlungsräume sollten wir ein Transparent mit dem Satz von Hans Balser hängen: »Die Welt lebt von den Menschen, die mehr tun als ihre Pflicht.«

Pflichterfüllung ist keine Selbstverständlichkeit. Trotzdem – wie arm wären wir tatsächlich, wenn alle nur ihre Pflicht erfüllen würden? Dies gilt natürlich nicht nur für das Ehrenamt – überall erfolgen die überdurchschnittlichen Leistungen, die wirklichen Impulse von Menschen, die mehr tun als ihre Pflicht – aber von besonderer Bedeutung ist für unsere Gesellschaft das Engagement im ehrenamtlichen Bereich.

Wie aber ist die gegenwärtige Wirklichkeit? Landauf und landab wird darüber geklagt, wie schwierig es bei Vorstandswahlen ist, für diese Ämter noch geeignete Kandidatinnen und Kandidaten zu finden. Natürlich haben die Menschen früher solche Ämter auch nicht aus reinem Idealismus übernommen; dies anzunehmen, würde sie zu idealistisch darstellen. Früher war die Übernahme von öffentlichen Ämtern, vom Vereinsvorsitz bis zum Bürgermeisteramt, auch ein Stück sozialer Aufstieg. Das hat solche Aufgaben neben all ihren Belastungen auch attraktiv gemacht.

Die Konsequenz heißt: Wir müssen alles tun, was möglich ist, um diese Aufgaben, diese Ämter wieder aufzuwerten, sie wieder anziehender zu machen. Kritik ist in einer offenen und freien Gesellschaft eine Lebenswirklichkeit, aber wir sollten ebenso bewußt wieder ermutigen und unterstützen: »Die Kunst zu ermutigen, ist eine der Möglichkeiten aufmerksamer Nächstenliebe« (Leo Jozef Kardinal Suenens).

An der Wirklichkeit in den Vereinen und Vereinigungen zeigt sich auch, daß die vielbeklagte und gepflegte Politik- und Parteienverdrossenheit nicht ein Sonderproblem der Politik ist, sondern nur ein Teil des Rückzugs ins Private. Wir werden deshalb in Zukunft verstärkt darüber nachdenken müssen, wie wir das freiwillige Ehrenamt gesellschaftlich aufwerten. Horst W. Opaschowski hat dieses Anliegen treffend zum Ausdruck gebracht:

»Wir sollten in Zukunft eine neue Profession mit Ernstcharakter schaffen, eine Art Zweitkarriere jenseits des Gelderwerbs – ein soziales, kulturelles und ökologisches Volontariat, das auf dem Prinzip der Freiwilligkeit basiert. Millionen von Volontären – ob als Schüler, Teilzeitarbeiter oder Frührentner – könnten freiwillig in Sozial-, Kultur- und Umweltdiensten tätig sein, wenn sie dafür die entsprechende gesellschaftliche Anerkennung bekämen. Damit wir keine Gesellschaft von Einzelgängern werden, die nur ihren egoistischen Konsumfreuden nachgehen, müssen wir das Bewußtsein für freiwilligen Gemeinsinn so stärken, daß eines Tages die Ausübung einer Volontärtätigkeit im Dienste der Gemeinschaft genauso anerkannt und prestigeträchtig ist wie der Gelderwerb im Hauptberuf oder der Erwerb eines kostspieligen Konsumartikels. Prestige und Anerkennung müssen schließlich ›verdient‹ werden – entweder durch Arbeit oder durch gute Werke.«

(Horst W. Opaschowski,
Vortrag am 4. Juli 1995 in Düsseldorf)

Heimat als Aufgabe – vor allem der Kommunalpolitik

Gemeinschaften mit Brauchtum stehen in enger Beziehung zu einem bestimmten Lebensraum, zur Heimat. Heimatlosigkeit, und als Folge daraus Sehnsucht nach einer Heimat, nach einem unverwechselbaren Lebensraum, zu dem eine Bindung da ist, ist eines der wichtigen Themen unserer Zeit – nicht nur für die weltweit wachsende Zahl von Flüchtlingen. Gerade in unserer Zeit der Mobilität, der horizontlosen Weite und verwirrenden Vielfalt ist die Verwurzelung in einer Heimat wichtig.

Über den Begriff Heimat ist schon viel geschrieben worden. Ein einheitliches Erklärungsmuster kann es nicht geben. Die mehr aus der Vergangenheit definierte Sicht muß heute um die Aufgabe Umweltschutz erweitert werden.

Die Heimat – das ist einmal das kulturelle Leben in einem Raum. Dazu gehören Volkskunst, Brauchtum, Tracht und Liedgut. Dieses ist aus der jeweiligen Landschaft herausgewachsen und davon geprägt. Das kulturelle Erbe ist in der Landschaft verwurzelt. Hier wird schon die Verflechtung von Natur, Umwelt und Heimat sichtbar. Die Einheit der Idee der Historiker, Heimatpfleger und Naturschützer ist das Ziel der Wahrung der Güter, die den Menschen befähigen, beheimatet zu sein, Wurzeln zu schlagen, sein Menschsein zu entwickeln. Heimat beinhaltet eine innere Bindung an einen Ort, einen Raum, an Menschen und Landschaft. Das Wort ist verwurzelt im Gefühl, im Erlebten und Sinnenhaften. Ähnliches gilt für Landschaft und Natur – ein Gleichklang.

Dies alles bleibt für die Menschen aber nur eine schmerzliche Realität, wenn sie aus ihrer Heimat abwandern müssen, weil sie darin keine Existenz finden. Deshalb gehören in einer ganzheitlichen Betrachtung die kulturelle, die ökologische und die ökonomische Entwicklung zur Erhaltung und Gestaltung der Heimat.

Für uns als Partei ist dies von besonderer Bedeutung. Spezialisten oder Interessengruppen können sich auf einen Teilaspekt konzentrieren. Die CSU aber ist als Volkspartei, die ja im ganzen Lande Verantwortung trägt, dem ganzen Leben verpflichtet. Für die konkrete Politik bedeutet dies die mitunter schmerzliche Prozedur der ständigen Güterabwägung, die Absage an die einfachen Antworten. Heimat ist mehr als Vergangenheit und kulturelles Erbe, Heimat ist aber auch mehr als Wirtschaftskraft und Infrastruktur. Was einen Lebensraum zur Heimat macht, hineingeboren oder hineingewachsen, ist nicht exakt meßbar und aus keiner einseitigen Perspektive zu ergründen.

Die Heimat gestalten – so, daß sich die Menschen darin wohl fühlen können – ist die besondere Aufgabe der Kommunalpolitik. Wann wird es jedem bewußt, daß man zum Beispiel mit der Entscheidung über einen Flächennutzungsplan und mit einem Bebauungsplan für eine lange Zeit – über die eigene Lebenserwartung hinaus – die Heimat prägt?

Heimat und Orientierung in der kleinen Einheit

In dem Kapitel über die Voraussetzung für Kreativität und Innovation ist die Bedeutung der kleinen Einheit bereits dargestellt worden. Sie hat jedoch über diesen Aspekt hinaus eine weitere wichtige Aufgabe: In der kleinen Einheit erlebt der Mensch Heimat. In der Nachbarschaft, im Freundeskreis, im Verein, in der überschaubaren Kommune findet er Orientierung und Identifikation. Dies gibt ihm auch das notwendige Sicherheitsgefühl in einer ansonsten unruhigen Welt. Die Stärkung der kleinen Einheit ist deshalb gesellschaftspolitisch ein wichtiger Beitrag zur Stabilisierung unserer Gesellschaft, weil sich hier Menschen ungleich mehr zurechtfinden als in den anonymen Großstrukturen. Damit lassen sich die Nachteile der Mobilität und die Tendenz der Auflösung der Strukturen zumindest mindern. Die Entwicklung von Stadtteilinitiativen, Straßenfesten, Vereinsfesten und viele andere Initiativen belegen, daß die Menschen das Bedürfnis danach haben. Unsere Politik soll dies unterstützen. Das ist praktizierter Föderalismus!

Föderalismus hat in diesem Zusammenhang auch für die internationale Entwicklung eine überragende Bedeutung. Ein Muster unserer Zeit sind ethnische Konflikte, viel weniger Kriege der Staaten. Hier haben wir mit unserer Erfahrung des Föderalismus einen wichtigen Beitrag in das internationale Geschehen einzubringen. Föderalismus ist friedensstiftend! Er ermöglicht auch Minderheiten, ihre Identität zu leben, ohne die Solidarität mit dem Ganzen aufgeben zu müssen. Wo dieser Minderheitenwunsch unterdrückt wird, kommt es zu Konflikten, nicht selten zu blutigen.

Heimat in der Nation – Patriotismus statt Nationalismus

Der Nationalstaat stiftet Gemeinschaft und Identität – übersteigertes Nationalbewußtsein verbirgt unabsehbare Gefahren. Das Gegensatzpaar von Patriotismus und Nationalismus bringt es am besten zum Ausdruck: Ein Patriot ist jemand, der sein Vaterland liebt, ein Nationalist einer, der andere Nationalitäten abwertet, sein Selbstwertgefühl durch Abgrenzung und Feindbildung pflegt. Was ist die Identität unseres Vaterlandes? Wie zeigt sie sich? Was müssen wir pflegen, was bekämpfen? Unsere Handlungsmaxime muß ein Patriotismus sein, der sich nicht aus der Geringschätzung anderer Kulturen, sondern aus der Liebe und Wertschätzung der eigenen Kultur und Geschichte speist und zur internationalen Solidarität sowie zum weltweiten Denken fähig ist. Daran schließt sich für Deutschland, ja für ganz Europa die Frage an: Was ist unsere Kultur, unsere Identität?

Diese Auseinandersetzung ist vor allem auch im internationalen Kontext wichtig. Der amerikanische Politikwissenschaftler Samuel Hantington von der Harvard-Universität vertritt die Ansicht, daß sich die künftigen weltpolitischen Spannungen nicht mehr so sehr zwischen Staaten, sondern zwischen den großen Zivilisationen entwickeln werden. Er begründet diese Prognose mit wachsenden Spannungen zwischen dem vom Christentum bestimmten Europa und dem Islam, auch mit dem Zusammenprall der Moslems mit den Hindus in Indien. Seine Befürchtung ist, daß kriegerische Konflikte zwischen den großen Zivilisationen das gesamte Ökosystem in Mitleidenschaft ziehen könnten. Auch könnten wir – so Hantington – auf Dauer nicht damit rechnen, daß die derzeit fast ausschließlich vom Westen dominierten internationalen Gremien und Bündnisse in ihrer Besetzung, in ihren Wertvorstellungen und in ihrem Kurs von den Staaten anderer Kulturen so akzeptiert würden.

»Wir haben von den Europäern genug über Demokratie und Menschenrechte gehört«, erklärte nach einem Bericht der »Süddeutschen Zeitung« vom 15.12.1995 der Regierungschef von Malaysia, Mahathir bin Mohamed, Mitte Dezember beim Asean-Gipfel in Bangkok. »Sie haben uns lehren wollen, wie wir unsere Umwelt gestalten und unsere Wälder erhalten sollen. Ich glaube, die Zeit ist gekommen, ihnen in aller Offenheit unsere Standpunkte deutlich zu machen.« Diese Probleme können jedoch nicht über Einschmelzung und Nivellierung der Kulturen gelöst werden, son-

dern nur durch ein kultiviertes Miteinander. In Europa ist das nationale Denken so weit kultiviert, daß es nicht mehr im Angriff auf andere, sondern in der Kooperation seinen Weg sucht, zumindest im
westlichen Europa. Die schlimmen Auseinandersetzungen, wie wir
sie in den letzten Jahren im früheren Jugoslawien erlebt haben,
machen aber die Schwierigkeit der Aufgabe deutlich. Dämonen
haben einen leichten Schlaf!

Multikulturell – nicht innerhalb der Nation

Die Befürworter einer sogenannten multikulturellen Gesellschaft in
Deutschland beeinflussen die Diskussion, indem sie für sich zwei
Positionen in Anspruch nehmen:

- Die höhere Moral. Wer eine multikulturelle Gesellschaft ablehnt
  – so ihre These –, ist hartherzig, unmenschlich, eben unmoralisch.
- Sie gehen von einem Menschenbild aus, das schon den Sozialismus zum Scheitern gebracht hat: Der Mensch sei das Produkt
  der Erziehung und seiner Umwelt. Es könne deshalb nur eine
  Frage des guten Willens und der richtigen Erziehung sein, daß
  das Zusammenleben von Menschen ganz unterschiedlicher Kulturen und Wertvorstellungen gelinge.

Ein Blick in die Nachbarländer und in die Welt zeigt, daß eine solche Politik zum Scheitern verurteilt ist. Die Vorgänge in Ex-Jugoslawien sind dafür ein schreckliches Beispiel vor der Haustür. Die Entwicklung im südlichen Bereich der früheren Sowjetunion ist ein
weiteres Alarmsignal. Wer glaubt, daß es nur in weniger ent-
wickelten Ländern zu solchen Konflikten kommt, der soll sich in
den Gettos der größeren Städte in Frankreich oder England um-
schauen. Die Zeitbomben ticken. Selbst in Amerika ist, unter völlig
anderen Voraussetzungen, die Integration der unterschiedlichen
Kulturen nicht gelungen. Im Gegenteil: Die Spannungen steigen,
und die sozialen Klüfte werden größer.

Die Beispiele aus aller Welt belegen, daß die Integrationskraft jeder Gesellschaft begrenzt ist. Und sie belegen, daß sich unterschiedliche Kulturen auch im selben Lebensraum voneinander abgrenzen. Daraus folgt: Multikulturell ist die Realität einer bereichernden Vielfalt in der Welt und zum Teil innerhalb der Kontinente, aber kein Ziel innerhalb des Lebensraums einer ethnischen Gruppe. Die Verhaltensforschung kann uns dafür viele erhellende Erläuterungen über unsere stammesgeschichtlichen Prägungen und den sich daraus ergebenden Reaktionen und Grenzen liefern.

Von den Propagandisten einer multikulturellen Gesellschaft innerhalb eines Landes werden solche Analysen und Erklärungen als »biologisch-mechanistische Sicht« abgelehnt. Aber sie finden es gleichzeitig selbstverständlich, daß wir uns in der ökologischen Diskussion, in der Erörterung der Streßfaktoren sowie den Reaktionen der Menschen oder auch in modernen lernpsychologischen Methoden auf die Erkenntnisse der Biologie und der stammesgeschichtlichen Prägung des Menschen stützen. Dies entlarvt die Argumentation gegen die Erkenntnisse der Verhaltensforschung und der lebenspraktischen Beobachtung als ideologische Scheuklappe.

Für die Wahrung der eigenen Identität, der eigenen Tradition und Kultur sowie die damit verbundene Beheimatung des Menschen ist eine wirksame Begrenzung der Zuwanderung notwendig und dringlich. Dies gilt vor allem für die Zuwanderung aus anderen Kulturkreisen. Gleichzeitig müssen wir noch mehr tun, um auch andere Kulturen besser zu verstehen, damit wir unseren Beitrag zum kultivierten Miteinander in einer multikulturellen Welt leisten können. Um nicht mißverstanden oder fehlinterpretiert zu werden: Ich spreche mich keineswegs für ein »Abschotten« Deutschlands aus. Niemand will, daß wir die Grenzen »dicht machen«. Zuwanderung in einem begrenzten Ausmaß ist selbstverständlich tolerierbar und muß es auch bleiben. Wird aber von denen, die eine verstärkte Zuwanderung fordern, bedacht, daß wir zum Beispiel 1994 eine Nettozuwanderung in Höhe von 330 000 Personen hatten (Zuzüge abzüglich Fortzüge)? Werden die Grenzen der Integrationsfähigkeit nicht gesehen oder bewußt mißachtet?

Besonders sorgfältig sollten jüngste Beobachtungen analysiert und begleitet werden, wonach etwa die junge Generation von Türken, die schon hier geboren sind – teilweise wurden auch schon ihre Eltern hier geboren –, vermehrt dazu neigt, sich wieder auf ihren ursprünglichen Kulturkreis zu besinnen, die eigene Identität zu pflegen, sich eher wieder abzugrenzen und sich, ganz im Gegensatz zur Erwartung, nicht zunehmend zu integrieren. Wenn sich diese Beobachtungen bestätigen, dann hätte dies weitreichende Folgen und würde die Grundphilosophie der bisherigen Einwanderungspolitik in Frage stellen. Der Bevölkerungswissenschaftler Josef Schmid berichtet von ähnlichen Erfahrungen im Ausland:

»Seit einem Jahrzehnt berichten Einwanderungsländer, daß statt der kulturellen Einpassung der Migranten ein unvorhergesehenes, ja unerwünschtes Phänomen zu beobachten ist, das man ›Ethnifizierung‹ nennt. Einwanderer haben zwar das Aufnahmeland zum Ziel, steuern aber die dort schon etablierten Landsleute an, die bei ersten Gehversuchen im Aufnahmeland behilflich sind. Das klingt so weit ganz schön und entlastet anfänglich die Integrationskosten des Aufnahmelandes. Es belastet aber Staatsprinzipien offizieller Einwanderungsländer, die die Annahme ihrer Kultur und einen Identitätswandel vorschreiben.«

(Josef Schmid, in: FAZ vom 8. November 1995)

Der Sozialethiker Günter Rohrmoser warnt vor den damit verbundenen Gefahren für unsere Demokratie:

»Bisher weiß noch keiner eine Antwort auf die Frage, wie die Demokratie in einer multikulturellen Gesellschaft funktionieren soll, in der es keine gemeinsam geteilten Lebensformen und Werte mehr gibt. Wenn wir mit der Zerstörung unserer geistigen, kulturellen und ethischen Gemeinsamkeiten fortfahren, werden wir unsere Demokratie verspielen und sie durch eine Fernsehdemokratie ersetzen, die uns bisher nicht gekannte Manipulationsmechanismen bescheren wird. Wer also diese Gemeinsamkeiten, das gemeinsam ethisch, kulturell und vielleicht sogar religiös geteilte Leben zerstört, der zerstört die Demokratie.«

(Günter Rohrmoser, Krise und Ethos der Demokratie,
in: Mitteilungen der Gesellschaft für Kulturwissenschaft, Dezember 1995)

Es ist legitim und keinesfalls »unchristlich«, daß die erste Priorität der Verantwortung dem eigenen Volk und dessen Zukunft gilt. Dabei müssen wir uns angesichts weltweiter Verflechtungen und im Sinne christlicher Solidarität weitsichtig verhalten. Die Grenze ist dort, wo das eigene Volk durch die Übernahme weltweiter Verpflichtungen und einer grenzenlosen Offenheit gegenüber der Zuwanderung in jeder Beziehung so überlastet würde, daß es im Land zu sozialen Spannungen, zu massiven Ungerechtigkeiten und letztlich zu einer Gefährdung der eigenen Zukunft führen würde.

In der ausländerpolitischen Diskussion wird häufig einseitig nur die Situation und das verständliche Wollen der Zuwanderer diskutiert. Die legitime Interessenlage und die Grenzen unserer eigenen Möglichkeiten werden dabei leichtfertig ignoriert. Das kann nicht die Position verantwortungsbewußter Politik sein.

Der Ruf nach einem Einwanderungsgesetz wird immer lauter. Man müsse – so wird er meist begründet – den Zuzug von Ausländern in die Bundesrepublik Deutschland gezielt steuern. Brauchen wir aber wirklich ein Einwanderungsgesetz? Gibt es Bereiche, bei denen Regelungsbedarf besteht? Es ist davon auszugehen, daß Deutschland auch künftig bereit ist, Ausländern, die bei uns Asylrecht erlangen, und Ausländern im Rahmen der Familienzusammenführung Bleiberecht im bisherigen Umfang zu gewährleisten. Auch an der Bereitschaft zur Aufnahme im Ausland lebender Deutschstämmiger wird sich wohl kaum etwas ändern. Die Zahl der Zuwanderer lag im Zeitraum 1990 bis 1994 per saldo (Zuzüge mit den Fortzügen saldiert) bei annähernd drei Millionen; sie war damit außerordentlich hoch. Die Reform des Asylrechts hat zwar einen deutlichen Rückgang gebracht, nach wie vor ist die Zuwanderung aber beträchtlich. Sie belief sich 1994 auf 330 000 Personen. Das wird wohl auch künftig so bleiben. Bei den Aussiedlern bzw. Spätaussiedlern liegt das jährliche Kontingent bei 200 000 bis 220 000 Personen. Im Bereich der Ausländerzuwanderung beläuft sich allein der Familiennachzug auf jährlich zwischen 150 000 und 250 000 Menschen (Nettozahlen je Jahr). Hinzu kommen Zuwanderungen aus verschiedenen Kontingenten (zum Beispiel »boat-people« aus Vietnam), Aufenthaltserlaubnisse im öffentlichen Interesse (zum Beispiel Krankenschwestern) und Bürgerkriegsflüchtlinge.

Ist es zu verantworten, den heute schon sehr hohen Ausländerzuzug durch eine Einwanderungsquote weiter zu erhöhen? In diesem Zusammenhang ist auch der Geburtenüberschuß der bei uns lebenden Ausländer zu bedenken, der schon seit einiger Zeit rund 90 000 im Jahr beträgt.

Der Zuzug von Ausländern ist im Ausländergesetz eindeutig geregelt. Weiterer Regelungsbedarf besteht nicht. Offensichtlich sollen ein Einwanderungsgesetz und womöglich eine Quote generell die Tür für Armutsflüchtlinge öffnen. Dies ist entschieden abzulehnen. Im Hinblick auf die Wirkung für die Armutsbekämpfung in der Welt hätte eine solche Maßnahme allenfalls eine symbolische Bedeutung, wobei ohnehin nur die Mobilsten von solchen Angeboten profitieren würden. Die damit verbundene Gefahr für den sozialen Frieden in unserer Gesellschaft wäre aber überaus hoch: Angesichts der fehlenden Qualifikation wäre dieser Personenkreis nämlich von vornherein dafür bestimmt, die unterste soziale Klasse zu bilden, den Anschluß nicht zu finden, sich deplaziert zu fühlen und zum sozialen und politischen Sprengstoff zu werden. Das scheinbar großzügige Angebot würde diese Menschen praktisch nur in eine Falle locken. Gerade auch im Hinblick auf das Grundverständnis des Asylrechts ist die Forderung nach einer Quote für Asylsuchende absurd. Damit könnte nämlich nicht nach dem Kriterium der tatsächlich politisch Verfolgten ausgewählt werden. Wenn die Quote erfüllt ist, müßten auch diejenigen vor der Tür bleiben, die die Kriterien des politischen Asyls erfüllen.

Der Ruf nach einem Einwanderungsgesetz wird vor allem auch damit begründet, daß die Zuwanderungen dem ungünstigen Altersaufbau der deutschen Bevölkerung und den daraus entstehenden Folgen für den Sozialstaat und die Volkswirtschaft entgegenwirken sollen. Gerade diese Zielsetzung kann aber nur, soweit überhaupt notwendig, mit ausländischen Arbeitnehmern erreicht werden, die in unseren Arbeitsprozeß entsprechend integriert werden können, nicht aber mit einer generellen Öffnung für Armutsflüchtlinge. Dabei ist zu bedenken, daß es bereits heute genügend Möglichkeiten gibt, um dem Arbeitskräftebedarf der Wirtschaft im Rahmen der Zuwanderung nachzukommen. An erster Stelle stehen hier die Aussiedler, die sich in aller Regel gut in den deutschen Arbeitsmarkt einfügen.

In der Öffentlichkeit kaum bekannt sind die EG-rechtlichen Bindungen zur Türkei. Wenn neue Arbeitskräfte aus Drittstaaten in die Gemeinschaft hereingenommen werden sollen, genießt nach dem Assoziierungsabkommen zwischen der Gemeinschaft und der Türkei diese die erste Priorität. Eine Einwanderung zur Gewinnung von Arbeitskräften könnte sich deshalb nur durch Hereinholen türkischer Arbeitskräfte verwirklichen lassen. Die Eröffnung von Einwanderungsquoten für andere Staaten ist infolge der EG-vertraglichen Bindungen zur Türkei nicht möglich. Mit der mittelfristig angestrebten Assoziierung der osteuropäischen Länder an die EG wird für die Menschen aus diesen Ländern die Möglichkeit eröffnet, bei uns zu arbeiten.

Schließlich darf auch eines nicht übersehen werden: Den wirtschaftlichen Problemen, die sich aus der veränderten Altersstruktur der deutschen Bevölkerung ergeben, kann insbesondere auch durch eine Änderung der Lebens- und Wochenarbeitszeit begegnet werden.

Soll – um einen letzten Bereich aufzugreifen – ein Einwanderungsgesetz etwa für Bürgerkriegsflüchtlinge gelten? Hier ist festzustellen, daß der Bereich »Flüchtlinge aufgrund von Kriegsereignissen« gesetzlich nicht vorweg entschieden werden kann, da fallweise und situationsgerechte Hilfe erforderlich ist. Mit der gegenwärtigen Rechtslage ist es schon jetzt möglich, Bürgerkriegsflüchtlingen ein zeitlich begrenztes Aufenthaltsrecht einzuräumen. Ende 1995 lebten nicht weniger als 320 000 bosnische Flüchtlinge in Deutschland! Man kann es also drehen und wenden, wie man will: Ein Einwanderungsgesetz ist überflüssig und wäre ein politischer Irrweg.

Konsequenzen aus dem Kruzifix-Urteil

Nach dem Urteil des Bundesverfassungsgerichts zum Anbringen von Kreuzen in Klassenzimmern ist eine heftige Diskussion entbrannt. Inzwischen hat der Bayerische Landtag das Kruzifix-Gesetz verabschiedet. Die CSU war bemüht, den nach dem Urteil des Bundesverfassungsgerichts verbliebenen Handlungsspielraum voll auszuschöpfen. Kann also ein Schlußstrich unter eine Debatte gezogen werden, die wie kaum eine andere die Menschen in Bayern bewegt, aufgewühlt und je nach Temperament wütend oder traurig gemacht hat? Ich denke: nein. Im Gegenteil. Die Diskussion fängt erst richtig an. Mit der juristischen Neuformulierung ist es nicht getan. Hinter all den formalen Fragen steht eine tiefgreifende geistige Auseinandersetzung, der sich die Kirchen ebenso wie die Politik stellen müssen. Wer glaubt, daß es bei dem Urteil des Bundesverfassungsgerichts in all seinen Wechselwirkungen nur um die Frage der staatlichen Anordnung für Schulkreuze geht, der verkennt völlig die Dimension dieses Urteils und seiner Wirkungen. Es geht vielmehr um eine ganz grundsätzliche Auseinandersetzung, im Kern auch hier um die Wahrung der eigenen Identität, der eigenen Tradition und Kultur, um unsere Werteordnung. Der rechtliche Rahmen für das Anbringen von Kreuzen in Schulen ist für viele eher eine zweitrangige Frage.

Ein fundamentaler inhaltlicher Streit über die innere Ausrichtung der Schule und des Staates ist im Gange. Dabei geht es um so grundlegende Themen wie das Verhältnis von Staat und Religion sowie von Staat und Kirchen. Es geht um die Frage der Toleranz von Minderheiten und Mehrheiten. Es geht um den Platz und den Rang christlicher Symbole in einer einerseits zunehmend pluralen Gesellschaft und in einer andererseits nach wie vor von den Werten und der Gesellschaftsordnung her christlich-abendländisch geprägten Welt, wie gerade auch die Reaktionen in der Bevölkerung gezeigt haben.

Über die gesetzliche Regelung für die künftige Praxis in bayerischen Schulen hinaus muß eine Debatte über die Grundlagen unseres Staates sowie unseres Erziehungs- und Bildungssystems geführt werden. Die zentrale Frage heißt: Wollen wir die christlichabendländische Tradition erhalten und bewahren oder wollen wir den Weg einer multikulturellen Gesellschaft beschreiten? Der Vorschlag der Gewerkschaft Erziehung und Wissenschaft, andere religiöse Symbole in den Klassenzimmern genauso achtungsvoll anzubringen wie das Kreuz, liegt in der Logik einer »multikulturellen Gesellschaft«, in der die verschiedenen Weltanschauungen und Wertvorstellungen gleichrangig nebeneinander stehen sollen. Er ergänzt die von den Bündnis-Grünen vertretene Position, den Religionsunterricht durch einen allgemeinen Ethikunterricht zu ersetzen.

Ein solcher Irrweg ist abzulehnen. In einem »religiösen Schilderwald« würde die Orientierung verlorengehen. Toleranz gegenüber anderen Überzeugungen und Weltanschauungen ist selbstverständlich notwendig und wichtig. Sie kann aber kein Ersatz für eine eigene Werteposition sein. Die Wertegrundlage unseres Staates ist der christliche Glaube, die gewachsene christlichabendländische Kultur- und Rechtstradition. Diese Tradition darf nicht zur Disposition stehen, auch nicht im Sinne einer Relativierung durch die Gleichrangigkeit anderer Religionen und Wertesysteme.

Ich kann die Kirchen vor Lethargie oder vornehmer Zurückhaltung in den angesprochenen Fragen nur warnen. Sie müssen sich – ebenso wie die politischen Gruppierungen, die sich der christlich-abendländischen Werteordnung verpflichtet fühlen – offen und selbstbewußt der Diskussion stellen. Im Moment kann ich noch nicht erkennen, daß die Kirchen die öffentliche Auseinandersetzung über diese geistigen und kulturellen Weichenstellungen wirklich angenommen haben.

IV.
Aktuelle Aufgaben

Vorfahrt für Arbeitsplätze

Zum Beginn des Jahres 1996 haben alle führenden Repräsentanten von Politik, Wirtschaft und gesellschaftlichen Gruppen die Schaffung neuer Arbeitsplätze zur dringlichsten Aufgabe erklärt: Einigkeit im Ziel – keineswegs jedoch in den Wegen. Die Bekämpfung der Arbeitslosigkeit hat die absolute Priorität, weil sie das Schlüsselproblem des Sozialstaates ist und rasch zum Kernproblem der inneren Stabilität unseres Landes sowie zum Prüfstein der Handlungsfähigkeit unserer Politik und der Demokratie werden könnte.

Die wirklich wirksamen Maßnahmen liegen im Aufgabenbereich der Wirtschafts- und Finanzpolitik und in der Deregulierung, nicht bei der Sozialpolitik. Zu weit verbreitet ist schon die Sicht, daß uns nur die bessere Verteilung des Mangels übrigbleibt. Da und dort gibt es einen lebhaften Streit, ob die moderne Gesellschaft überhaupt noch genügend Arbeit hat. Die Frage stellt sich, aber der Disput hilft nicht weiter, er ist gegenwärtig mehr theoretischer Natur. Helfen kann nur, alle Hemmnisse zu beseitigen, die neuen Arbeitsplätzen entgegenstehen sowie alle Ideen und Initiativen zu fördern, die dem Ziel dienen, neue Arbeitsplätze zu schaffen. Andere Volkswirtschaften haben in einer stärker ökonomisch ausgerichteten Politik und mit weniger Reglementierung bei vergleichbaren technischen wie volkswirtschaftlichen Strukturen jedenfalls einen höheren Beschäftigungsgrad.

Ein zentrales Problem für mehr Arbeit in Deutschland sind die Arbeitskosten. Der besondere Wert des Vorschlags von IG-Metall-Chef Klaus Zwickel im Rahmen des »Bündnisses für Arbeit« liegt darin, daß damit der Zusammenhang zwischen der Zahl der Arbeitsplätze und den Arbeitskosten, der Lohnhöhe, anerkannt wurde. Natürlich ist es ein Irrtum, wenn damit die Erwartung verbunden wird, daß Wirtschaftsverbände über die Zahl von Arbeitsplätzen in den Betrieben verfügen und deshalb entsprechende Garantien abgeben können. Dies kann aber kein Grund sein, diesen weitreichenden Kurswechsel in den Gewerkschaften brüsk zurückzuweisen.

Bei den Bruttolöhnen liegt Deutschland in der Weltspitze, jedoch nicht bei den Nettolöhnen. Der Arbeitnehmer bestreitet seinen Lebensunterhalt aus den Nettolöhnen. In der Diskrepanz zwischen Brutto und Netto steckt das Strukturproblem, das uns gegenwärtig so zu schaffen macht: die Höhe der Lohnzusatzkosten.

Die hohen Lohnzusatzkosten sind maßgeblich für den Verlust von Arbeitsplätzen verantwortlich: Dadurch sinkt das Beitragsaufkommen, und es steigen die notwendigen Zahlungen für die Arbeitslosen. In der Folge müssen aber wieder die Sozialabgaben für die im Arbeitsprozeß Stehenden erhöht werden, was wiederum Arbeitsplätze kostet, weil ja der Arbeitgeber jeweils mit 50 Prozent beteiligt ist. Daraus entwickelt sich ein Teufelskreis. Deshalb führt an der Senkung der Lohnzusatzkosten kein Weg vorbei.

Zu vordergründig ist allerdings die Forderung, diese Kosten aus den Steuern zu finanzieren. Damit wird keine Senkung der Abgabenlast erreicht, nur eine Verlagerung. Zunächst muß in einer gemeinsamen Anstrengung der Tarifpartner und des Staates eine Reduzierung dieser Lohnzusatzkosten erreicht werden. Was ist verzichtbar, ohne daß es deswegen bei den wirklich notwendigen sozialen Schutzmaßnahmen zu Einbrüchen kommt? Mit einem solchen Maßstab können beispielsweise Karenztage oder eine reduzierte Lohnfortzahlung in Krankheitstagen kein Tabuthema bleiben. Es wäre auch falsch, wenn die Politik mit einer Übernahme von Kosten vorausmarschierte, damit die Tarifpartner entlastete und von ihnen den Druck wegnähme. Erst wenn diese Schritte geleistet sind, sollte das Thema Steuerfinanzierung von bislang abgabenfinanzierten Lohnzusatzkosten wieder auf die Tagesordnung kommen. Trotz aller damit verbundenen Probleme wird sich die Politik dieser Aufgabe dann stellen müssen. Die Zwischenzeit kann genutzt werden, um gründlicher auszudiskutieren und abzuwägen, welche Instrumente, gegebenenfalls in welchem Mix, in Frage kommen – beispielsweise Umschichtungen über die Mehrwertsteuer, Einführung eines Bürgergelds, eine Wertschöpfungssteuer anstelle der heutigen Sozialabgaben, Umschichtungen aus der Energiesteuer oder ähnliche Maßnahmen.

Aktuell und wirksam muß auch gehandelt werden durch eine höhere Flexibilität im Arbeitsmarkt. Die Zielsetzung heißt: mehr Markt auf dem Arbeitsmarkt.

Neben der Schaffung neuer Arbeitsplätze durch neue Produkte und die Erschließung neuer Märkte muß eine erhöhte Flexibilität auf dem Arbeitsmarkt eine zweite zentrale Säule zur Bekämpfung der Arbeitslosigkeit werden. Es gibt in Deutschland viel Arbeit, die allein deswegen nicht erledigt wird, weil starre Vorschriften und Regelungen dies verhindern. Ich denke hier zum Beispiel an das weite Feld der Teilzeitarbeit. Um so mehr kommt es darauf an, erstarrte Strukturen aufzubrechen. Notwendig sind: mehr Flexibilität bei der Arbeitszeit und marktgerechtere Arbeitskosten, mehr Flexibilität bei den Arbeitssuchenden und beim Arbeitsplatzangebot sowie Anpassungen des Arbeits- und Tarifrechts an eine veränderte Arbeitswelt.

Das Gebot der Stunde ist eine stärkere Flexibilisierung der Arbeitszeit. Möglichkeiten der Zeitsouveränität, wie sie von »Zeitpionieren« bereits genutzt werden, sind verstärkt auszuschöpfen. Sicher gibt es hier schon Möglichkeiten, aber zu welchem Preis? Bei der härter gewordenen internationalen Konkurrenz können wir es uns nicht mehr leisten, für jede Mehrarbeitsstunde Zuschläge zu bezahlen. Es wäre schon viel erreicht, wenn statt der Wochenarbeitszeit künftig Jahresarbeitszeiten vereinbart werden könnten. Dann könnte die Arbeit viel besser an die betrieblichen Erfordernisse angepaßt werden. In verschiedenen Industriebetrieben werden damit bereits in Modellversuchen Erfahrungen gesammelt, ebenso in mittelständischen Firmen.

Das »Hasenkopf-Modell« etwa wird bereits seit 1982 in der Firma von Herrn Hasenkopf (Mehring bei Burghausen) angewandt. Die Mitarbeiter bestimmen selbst, ob sie zum Beispiel ganztags, halbtags oder vier Tage in der Woche arbeiten wollen. Überstunden werden nicht mehr in Geld, sondern in Freizeit abgegolten. Jeder Mitarbeiter hat ein »Zeitkonto«. Dieses Modell hat sich in der Firma Hasenkopf sehr bewährt. Das Unternehmensergebnis hat sich verbessert, die Arbeitnehmer sind aufgrund des größeren Freiraums zufriedener geworden, was zum Beispiel in einem verringerten Krankenstand zum Ausdruck kommt. Zugleich sind zusätzliche Arbeitsplätze entstanden, was die beschäftigungspolitische Bedeutung dieses Modells unterstreicht.

Teilzeitarbeit und Job-Sharing sind weitere wichtige Ansatzpunkte. Warum sollten dort, wo es möglich ist, nicht drei Personen auf zwei Arbeitsplätze kommen? Wenn der Anteil an Teilzeitbeschäftigten auf das Niveau anderer europäischer Länder, zum Beispiel das der Niederlande, ansteigen würde, könnten rund zwei Millionen Menschen zusätzlich Arbeit finden.

Auch das Instrument »Zeitarbeitsverträge« könnte einen Beitrag zu mehr Beschäftigung leisten, gerade in wirtschaftlich schwierigen Zeiten. Es ist immer wieder zu beobachten, daß befristete Arbeitsverträge letztlich auch in Dauerarbeitsverhältnisse münden.

Ein weiterer wichtiger Ansatzpunkt für mehr Beschäftigung sind marktgerechtere Arbeitskosten. Wir müssen sehen, daß die Arbeitskosten in den letzten Jahren zu stark gestiegen sind. Deshalb sind mehr Augenmaß und vor allem auch mehr Flexibilität gefordert. In den Tarifverträgen sollten Öffnungsklauseln vereinbart werden, um Abweichungen nach unten durch Betriebsvereinbarungen zu ermöglichen. Erste Weichenstellungen sind erfolgt.

Erfahrungen in Dänemark zeigen, daß zum Beispiel Einstiegstarife für Langzeitarbeitslose erfolgreich gegen Arbeitslosigkeit eingesetzt werden können. Über neue Formen tarifvertraglicher Vereinbarungen ist nachzudenken. Was spricht zum Beispiel dagegen, einen Grundlohn als Basis und einen ertragsabhängigen Zuschlag zu vereinbaren?

Investivlohnvereinbarungen und Gewinnbeteiligungen müssen stärker als bisher genutzt werden. Arbeitnehmer und Betrieb können hiervon profitieren, da konjunkturelle Negativeinflüsse abgemildert werden. Für besonders wichtig halte ich auch eine stärkere Differenzierung bei den Tarifabschlüssen nach Branchen und Regionen. Wenn hier den Marktgegebenheiten stärker Rechnung getragen wird, dann wirkt dies tendenziell auch in Richtung mehr Beschäftigung. Kritiker mögen einwenden, daß uns diese Forderung schon seit langem begleitet. Aber: Kurskorrekturen sind am ehesten in schwierigen Zeiten durchzuführen!

Auch von den Arbeitssuchenden muß mehr Flexibilität verlangt werden. Die Arbeitswelt des dritten Jahrtausends, die durch einen noch schnelleren Wandel geprägt ist, erfordert mehr berufliche Mobilität als bisher. Wir werden uns darauf einstellen müssen, daß die meisten Arbeitnehmer in ihrem Arbeitsleben zwei oder mehr Berufe lernen müssen. Um so wichtiger ist es zum Beispiel, daß Kurzarbeit verstärkt für Qualifizierungsmaßnahmen genutzt wird. Zusätzlicher Freizeitgewinn mag für den einzelnen zwar kurzfristig erfreulich sein. Mittel- und längerfristig wirkt es sich aber verhängnisvoll aus, wenn dem Wandel der Arbeitswelt nicht genügend Rechnung getragen wird.
Mehr Flexibilität bei den Arbeitnehmern muß einhergehen mit mehr Flexibilität bei den Arbeitgebern. Das heißt zum Beispiel, daß der Arbeitsplatzwechsel erleichtert werden sollte, etwa durch verstärkte Hilfestellungen bei der Wohnungssuche. Angesichts des engen Wohnungsmarktes wäre es ansonsten unglaubwürdig, an die Mobilitätsbereitschaft der Arbeitnehmer zu appellieren.
Große Bedeutung kommt der Schaffung von Telearbeitsplätzen zu. Bei Telearbeitsplätzen besteht mittels moderner Technologien (Datenautobahnen) und moderner Telekommunikation die Möglichkeit eines Informationsaustausches mit einer zentralen Betriebsstätte. Eine Vielzahl von Arbeiten kann deshalb außerhalb des üblichen Büroarbeitsplatzes von zu Hause aus erledigt werden. Beispielsweise ist es möglich, Schreibarbeiten, Gestalten von

Textseiten und Graphiken, Präsentationen, Erstellen von Kundenangeboten, Bestellen von Ersatzteilen oder Abfragen von Reparaturhinweisen von einem Heimarbeitsplatz aus vorzunehmen. Den besonderen Belangen der ländlichen Räume Bayerns würde hierdurch ebenso Rechnung getragen wie den spezifischen Anliegen vor allem weiblicher Arbeitnehmer: Diese könnten familiäre Aufgaben besser mit betrieblichen Anforderungen in Einklang bringen. Die berufliche Mobilität würde erhöht. Daß mit Telearbeitsplätzen natürlich auch Risiken verbunden sind, soll dabei nicht verschwiegen werden.

Existenzgründungen sind besser zu fördern: Das heißt insbesondere, daß die »Starthilfen« des Staates verbessert werden müssen. Existenzgründer schaffen bereits in der Startphase im Durchschnitt rund drei Arbeitsplätze und später erfahrungsgemäß weitere. Die Anreize, in die Selbständigkeit zu gehen, das heißt Unternehmen neu zu gründen oder bereits bestehende Betriebe zu übernehmen, sind deshalb gezielt zu ergänzen und zu verstärken. Die Bayerische Staatsregierung hat in ihrem »Aktionsprogramm Bayern für mehr Beschäftigung« entsprechende Hilfestellungen beschlossen. Sie hat sich mit Recht auch dafür ausgesprochen, die Instrumente Einarbeitungszuschüsse, Arbeitserprobung und Probebeschäftigung verstärkt einzusetzen. Hierdurch können Anstöße gegeben werden, die in nicht wenigen Fällen sicherlich auch zu Dauerimpulsen führen. Bundeskanzler Helmut Kohl hat in seiner Neujahrsansprache 1996 die Bedeutung der Existenzgründungen und deren umfassenden Förderung besonders betont.

Im Hinblick auf die weitere Entwicklung des Arbeitsmarktes gilt generell: Das Arbeits- und Tarifrecht muß an die veränderte Arbeitswelt angepaßt werden. Das neue Arbeitszeitgesetz zeigt hier bereits vernünftige Möglichkeiten auf. Es ist aber intensiv zu prüfen, welche Regelungen einer stärkeren Flexibilisierung zum Beispiel der Arbeitszeit entgegenstehen und wo Beschäftigungsmöglichkeiten blockiert werden. So weisen Vertreter der Wirtschaft darauf hin, daß die Umstellung von Vollzeitarbeitsplätzen auf Teilzeitarbeitsplätze zu höheren Beschäftigungszahlen führt. An die Zahl der Beschäftigten und nicht an die Zahl der Vollzeitarbeitsplätze seien jedoch arbeitsrechtliche Folgen geknüpft, zum Beispiel im Rahmen der Mitbestimmung oder des Kündigungsschutzes, die nicht beschäftigungsfördernd seien.

Alle Beteiligten haben eine große Verpflichtung: Arbeitgeber, Arbeitnehmer und Politik müssen aufeinander zugehen. Kontroverse Diskussionen über geeignete Wege sind immer wieder möglich, am Ziel aber darf kein Zweifel bestehen: Der Arbeitsmarkt muß flexibler werden!

Jetzt ist sicherlich nicht die Zeit des Polarisierens. Wenn wir den sozialen Frieden verlieren, dann verlieren wir eine wichtige Trumpfkarte für den Standort Deutschland – zum Beispiel die geringe Streikrate. Eine Polarisierung führt leicht zur Gefährdung der Handlungsfähigkeit in der Politik, zur politischen Radikalisierung.

Der soziale Konsens muß deshalb bewahrt werden. Unverzichtbar ist aber ebenso der Mut zur Veränderung. Wir brauchen die Bereitschaft, erstarrte Strukturen aufzubrechen und Verwerfungen, die zusätzliche Beschäftigungsmöglichkeiten blockieren, zu beseitigen.

Den Sozialstaat neu ordnen

Die Sicherung unseres Sozialstaates erfordert zunächst vor allem eines: eine geistige Gegenoffensive zur einseitigen egoistischen Selbstverwirklichung. Der Dreiklang von Selbstbestimmung, Selbstverantwortung und Solidarität muß wieder stärker ins Gleichgewicht gebracht werden.

Appelle an den einzelnen werden häufig nicht ausreichen. Die Menschen sind überfordert, wenn sie gegen ihre eigenen Interessen handeln sollen. Die Politik muß deshalb die Anreizsysteme verändern, sie muß das Verhalten der Menschen über gemeinsam anerkannte Spielregeln koordinieren. So wird es ohne Anreiz- und Sanktionsmechanismen nicht gelingen, die Kostendynamik dauerhaft zu bremsen.

Tiefgreifende Kurskorrekturen sind unerläßlich, um unseren Sozialstaat dauerhaft zu sichern. Es gilt, den Sozialstaat mit gelebter Solidarität und neuen Prioritäten zukunftssicher zu gestalten. Die Leistungsstärkeren müssen mehr Eigenverantwortung und Eigenleistung übernehmen, damit auch künftig dem Leistungsschwächeren geholfen werden kann. Schutzbedürftig ist heute nicht eine arme Mehrheit der Bevölkerung, sondern eine arme Minderheit!

Die Finanzprobleme machen jedem deutlich, daß Zwang zum Handeln besteht. Wir dürfen aber keinesfalls in einer reinen finanztechnisch-politischen Betrachtung stehenbleiben. Es ist besonders wichtig, Zusammenhänge verständlich zu machen, um zu Grundsätzen zu gelangen, die in der öffentlichen Diskussion allgemein anerkannt werden.

Der größte Mangel der aktuellen sozialpolitischen Diskussion liegt darin, daß eine fundierte Ursachenanalyse fehlt. Es wird zuviel moralisiert und zuwenig analysiert. Es gibt zu viele vordergründige Antworten auf die Ursachen der Probleme wie: »Nur

eine Folge des Mißbrauchs« oder »eine Folge überzogenen An-
spruchsdenkens«. Die Ursachen sind komplexer, die vorher ge-
nannten Gründe gehören dazu, geben aber keine ausreichende
Antwort.

Unser Sozialstaat ist unter den Bedingungen der Industriegesellschaft, des Kampfes zwischen Arbeit und Kapital, der mühsamen
Sicherung der Rechte der Arbeitnehmer und der damaligen Mehrheit an Armen entwickelt und erkämpft worden. Die heutige moderne Gesellschaft hat andere Bedingungen und andere Probleme.

Im Jahr 1995 ist die Diskussion um den Sozialstaat durch das gemeinsame Papier der katholischen und der evangelischen Kirche
»Zur wirtschaftlichen und sozialen Lage in Deutschland« bereichert
worden. Neben vielen bemerkenswerten und zutreffenden Analysen und Vorschlägen ist jedoch wieder eine typische Einseitigkeit
vieler sozialpolitischer Diskussionen zu registrieren: Ein vorder-
gründiges Verteilungsdenken zieht sich wie ein roter Faden durch
alle Forderungen und Überlegungen. Ob Einkommen, Vermögen
oder Arbeit: Eine gerechte Umverteilung soll die Probleme lösen.
Die Verteilung des Sozialprodukts steht im Mittelpunkt. Über die
notwendigen Voraussetzungen für die Entstehung ist wenig zu le-
sen und zu hören. Die Gedanken bleiben weithin im üblichen
Wechselspiel zwischen Anklage und Forderungen gefangen, so
daß sich am Ende alle Forderungen im wesentlichen nur an die Politik richten.

Die Kirchen betonen besonders die »Option für die Armen«, vergessen aber die Gerechtigkeit gegenüber den Leistungserbringern.
Es gibt eine soziale Gerechtigkeit nicht nur gegenüber denjenigen,
die auf soziale Leistungen angewiesen sind, sondern auch gegenüber denen, die mit ihrer Arbeit und ihrer Leistungskraft die sozialen Errungenschaften erst ermöglichen.

Der sehr simple aber unauflösbare Zusammenhang, daß wir in der
ersten Reihe der Sozialstaaten nur bleiben können, wenn wir auch

in der ersten Liga der Weltwirtschaft bleiben, wird weithin ignoriert. Nur mit einem ganzheitlichen Denken sind wir jedoch in der Lage, den Sozialstaat zu sichern und zukunftsgerecht weiterzuentwickeln. Manchen Repräsentanten der Wirtschaft muß man aber auch ins Stammbuch schreiben, daß die bisherige Soziale Marktwirtschaft und die damit verbundenen Errungenschaften des Sozialstaates ganz wesentlich zur inneren Stabilität unseres Staates, unserer Demokratie und damit zum Vorteil des Wirtschaftsstandortes Deutschland beigetragen haben. Der Blick über die Grenze ins benachbarte Frankreich zeigt die andere Wirklichkeit. Der Hinweis auf die ökonomisch konsequentere Politik in Großbritannien oder in den USA muß auch erst seine Langzeitbewährung bestehen. Die sich dort entwickelnde Diskrepanz innerhalb der Gesellschaft, zwischen Wohlhabenden oder zumindest mit auskömmlichen Einkommen ausgestatteten Kreisen und den wachsenden Zahlen Armer, ist ein sozialer Sprengstoff, der die Gesellschaft rasch destabilisieren kann.

Die Reform des Sozialstaats ist nicht durch einen großen Kraftakt zu bewerkstelligen, dazu ist das System schon zu kompliziert, sondern nur durch eine Folge zielgerichteter Schritte. Damit diese keine Zufallstreffer sind, ist es notwendig, Gestaltungsprinzipien zu entwickeln. Dazu einige Überlegungen:

1. Die Sozialausgaben dürfen nicht stärker steigen als die volkswirtschaftliche Leistung. Wir dürfen nicht mehr ausgeben, als wir erarbeiten. Das hört sich verständlich an, scheint aber noch immer nicht Allgemeingut zu sein. Erst auf der Grundlage dieser gemeinsamen Überzeugung können Prioritäten für mögliche Veränderungen oder Kürzungen gesetzt werden.
2. Die laufenden Lebenshaltungskosten dürfen nicht durch Verschuldung zu Lasten nachkommender Generationen finanziert werden. Es ist ökonomisch falsch und darüber hinaus unmoralisch, den Kindern und Enkeln die Rechnung für unsere Lebenshaltungskosten zu schicken.

3. Das Hauptproblem der Finanzknappheit des Sozialstaats sind nicht Mißbrauch oder Versagen der Verantwortlichen, sondern Fehlentwicklungen struktureller Art. Wir bekommen nun eine Vollkostenrechnung für unsere Art zu leben. Wir haben die Vorteile der modernen Gesellschaft – Individualisierung, Auflösung von Bindungen und Verpflichtungen, mehr Freiheit – privatisiert; die damit verbundenen Kosten, zum Beispiel Hilfe von der Kinderbetreuung bis zur Pflege, haben wir sozialisiert. Wir müssen miteinander in den Spiegel schauen, nicht Schuldzuweisungen verteilen.

4. Das Schlüsselproblem ist die Zahl der Arbeitsplätze, die Bekämpfung der Arbeitslosigkeit. Zusätzliche Arbeit kann nur mit den Mitteln der Ökonomie geschaffen werden, nicht mit der Umverteilung des Mangels. Auch aus der Sicht der Sozialpolitik müssen deshalb in dieser Situation alle Maßnahmen Vorrang haben, mit denen durch Anreize und Abbau von Hemmnissen – zum Beispiel vermeidbare Kosten, bürokratische Hürden, die Einstellung zu moderner Technik – neue Arbeitsplätze geschaffen werden. Mit Neid- und Klassenkampfparolen entstehen keine Arbeitsplätze.

5. Den Betroffenen der notwendigen Modernisierung müssen wir uns mit derselben Energie und Aufmerksamkeit zuwenden, wie der Modernisierung selbst.

6. Die Wohlfahrtsverbände und die Fachleute der Sozialarbeit dürfen ihre Rolle nicht darin sehen, »von Berufs wegen« gegen alle Änderungen und Kürzungen zu protestieren. Sie müssen ihre besonderen Kenntnisse einbringen, damit sach- und situationsgerecht verändert werden kann.

7. Die Eigenverantwortung und das Subsidiaritätsprinzip müssen gestärkt werden. Die Finanzprobleme und die menschlichen Probleme (»soziale Kälte«) des Sozialstaats sind nur durch mehr Eigenverantwortung lösbar. Was zumutbar selbst geleistet werden kann, muß selbst geleistet werden!
Die Hilfe zur Selbsthilfe muß im Vordergrund stehen. Subsidiarität bedeutet auch: Das, was der einzelne aus eigener In-

itiative und aus eigenen Kräften leisten kann, darf ihm nicht ent-
zogen und der Gesellschaft zugewiesen werden. Wir werden
zum Beispiel nicht umhinkommen, im Bereich der Krankenversicherung die Selbstbeteiligungselemente zu stärken und auszu-
bauen. Warum sollten etwa Krankenhauspatienten nicht noch
stärker zu ihren Verpflegungskosten herangezogen werden?
Vorschläge wie die Gewährung von Prämien, etwa in Form von
Beitragsrückzahlungen für Gesundheitsbewußte, sollten unvoreingenommen geprüft werden. Ohnehin muß die Devise »Vor-
beugen statt heilen« noch stärker in den Vordergrund rücken.
Im Bereich der Rentenversicherung – um ein weiteres Beispiel
zu nennen – ist es ebenfalls erforderlich, das Element der Ei-
genvorsorge zu stärken. Gerade hier erfordert jegliches Um-
steuern aber große Behutsamkeit, da Millionen beteiligter Bür-
gerinnen und Bürger ihre Lebensplanung auf das bestehende
Rentensystem abstellen. Der heute 30- oder 40jährige zum Beispiel kann jedoch nicht mehr damit rechnen, daß er allein mit
der gesetzlichen Alterssicherung beim Wechsel in den Ruhestand, wie heute in der Regel, seinen Lebensstandard aufrechterhalten kann. Deshalb kann man nur empfehlen, rechtzeitig
eine private Ergänzung aufzubauen.

8. Wir müssen Rahmenbedingungen fördern, die es ermöglichen,
   daß sich auch in Zukunft Menschen finden, die bereit sind,
   haupt- oder ehrenamtlich Dienst am Nächsten zu tun, Kinder zu
   betreuen, behinderten Menschen Partner zu sein, kranke und
   alte Menschen zu pflegen.

9. Es gibt erhebliche Fehlentwicklungen und Mißbrauch. Die Fehlentwicklungen sind auf falsche Anreize zurückzuführen. Es geht
   also nicht darum, den Menschen anzuklagen, sondern es ist
   notwendig, die Anreize zu verändern. Wer rechtliche Regelungen zu seinem Vorteil ausschöpft, handelt legal, wenn auch
   nicht solidarisch.
   Eine wirksame Bekämpfung des Mißbrauchs erfordert allerdings auch, die Kontrollmöglichkeiten zu stärken und den Da-
   tenabgleich zu verbessern. So sollte es schon nachdenklich

stimmen, wenn – eher zufällig – Fälle erschreckenden Mißbrauchs zum Vorschein kommen. Ein Beispiel: Ein Bauwilliger,
der bei verschiedenen staatlichen Stellen als »besitzlos« geführt wurde, hatte plötzlich ein Vermögen in Höhe von
100000 DM, um den erforderlichen Eigenkapitalnachweis
für die Wohnungsbauförderung zu erbringen.

Mit Nachdruck ist davor zu warnen, den Mißbrauch von Sozialleistungen zu bagatellisieren. Schwerpunktaktionen der
Arbeits- und Hauptzollämter belegen immer wieder, in welch
erschreckendem Umfang illegale Beschäftigung und Leistungs-
mißbrauch um sich greifen. So konnte zum Beispiel jeder vierte kontrollierte ausländische Arbeitnehmer die erforderliche
Arbeitserlaubnis nicht vorlegen.

Der Sozialstaat kann nur funktionieren, wenn der Leistungs-
stärkere das gibt, was der Schwächere braucht. Dies verlangt
von dem, der mehr vermag, daß er auch bereit ist, mehr zu
leisten. Wenn man die Leistungsfähigen entmutigt, weil Leistung sich nicht mehr lohnt, weil sie diffamiert wird, weil man
miterlebt, wie Drückeberger von der Leistung der Leistungsfähigen und Leistungswilligen gut leben, dann ruiniert man
das System. Deshalb ist es auch so überaus wichtig, die Transparenz bei den Sozialleistungen zu erhöhen.

10. Mechanismen, die Motivation und Leistungsanreize beein-
    trächtigen, müssen beseitigt werden. Niemand wird eine Be-
    schäftigung suchen, wenn das Zusammenwirken von Sozial-
    leistungen und Einkommensteuer dazu führt, daß von einem
    erzielbaren Zusatzeinkommen nur noch ein geringer Bruchteil
    verbleibt beziehungsweise in Extremfällen damit sogar eine
    effektive Einkommenseinbuße verbunden ist. Deshalb ist es
    auch unerläßlich, das Verhältnis zwischen Löhnen und Lohner-
    satzleistungen neu zu ordnen. Vieles spricht dafür, daß es sich
    nicht mehr im Gleichgewicht befindet.

11. Es müssen neue Prioritäten gesetzt werden, um Spielraum für
    das Notwendige zu schaffen. Wechselnde Bedingungen der
    wirtschaftlichen und gesellschaftlichen Entwicklung lassen tra-

ditionelle Aufgabenstellungen in den Hintergrund und neue soziale Herausforderungen in den Vordergrund treten. Die Bewährungsprobe des Sozialstaates liegt in seiner Anpassungsfähigkeit. In diesem Zusammenhang ist zum Beispiel zu prüfen, ob die Krankenversicherung von versicherungsfremden Leistungen entlastet werden kann. Ein Beispiel aus dem Bereich der Unfallversicherung: Ist die Einkommenskumulation durch Unfall- und Altersrenten noch zu vertreten?

12. Es ist notwendig, die Lasten im Rahmen der notwendigen Anpassungen und Umstellungen gerecht zu verteilen. Nur so kann die notwendige soziale Akzeptanz sichergestellt werden.

Wir müssen zunächst deutlich machen, daß nur ein erfolgreicher Umbau des Sozialstaates neue Spielräume für unabweisbar notwendige neue sozialpolitische Aufgaben schaffen kann, etwa im Bereich der Familien- und Beschäftigungspolitik. Die Einführung der gesetzlichen Pflegeversicherung war deshalb nicht nur ein entscheidender sozialpolitischer Meilenstein, sondern – aufgrund der Kostenkompensation – auch ein wichtiger Beitrag zum Umbau des Sozialstaates und damit ein »Härtetest« für die notwendige Kraft zur Neuorientierung.

Die Einführung der gesetzlichen Pflegeversicherung hat allerdings auch gezeigt, wie schwierig in unserer »Besitzstandsgesellschaft« notwendige Veränderungen sind. Es leuchtet zum Beispiel nicht ein, warum es nicht möglich war, einen Urlaubstag zur Finanzierung der Pflegeversicherung heranzuziehen.

Tiefgreifende Veränderungen sind unausweichlich. Dabei ist aber zu berücksichtigen, daß die in Jahrzehnten gewachsene Sozialpartnerschaft eine wesentliche Grundlage der inneren, weltweit bestaunten Stabilität der Bundesrepublik Deutschland ist. Die notwendige Diskussion muß deshalb so geführt werden, daß diese Partnerschaft erhalten bleibt. Eine Diskussion nach dem Muster von Mutproben – wer verlangt die weitestgehenden Kürzungen, wer kämpft am eindrucksvollsten gegen jede Veränderung – führt uns in die Sackgasse.

Die notwendigen Veränderungen im Gefüge der Sozialleistungen dürfen nicht zu einer gefährlichen Polarisierung führen.

Die Verantwortlichen in Politik, Wirtschaft, Gewerkschaften und Wohlfahrtsverbänden haben die Bringschuld an die Bevölkerung, die Situation verständlich zu erläutern. Nur so kann ein Konsens, zumindest ein Minimalkonsens, wachsen. Ein Zusammenwirken von Gewerkschaften, Arbeitgebern und Politik muß Wachstumskräfte mobilisieren und die Beschäftigung steigern. Das ist das Schlüsselthema für die Zukunft des Sozialstaats.

Wer die unvermeidbaren Maßnahmen zur Neuordnung des Sozialstaates als »sozialen Kahlschlag« oder als »Umverteilung von unten nach oben« kritisiert, der handelt politisch verantwortungslos, weil er gezielt die Menschen verunsichert. Er erschwert damit die notwendigen Kurskorrekturen – bewußt oder unbewußt. Wir sollten uns aber ebenso darüber im klaren sein, daß der notwendige Umbau des Sozialstaates nicht mit der Brechstange vollzogen werden kann. Der soziale Friede in Deutschland war immer ein wichtiger Standortfaktor. Es wäre deshalb sehr gefährlich, den Konsens über den Sozialstaat aufzukündigen. Schocktherapie und Holzhammer bringen die Reformdiskussion nicht voran.

Der Sozialstaat braucht keine Roßkur, kalte Umschläge alleine helfen allerdings auch nicht weiter. Auch wenn die Überzeugungsarbeit hinsichtlich notwendiger Einschnitte mühevoll ist: Sie ist letztlich der einzige Weg, der Erfolg verspricht. Nur wenn wir ein Umdenken in den Köpfen der Menschen erreichen, eine wirksame Veränderung in der Einstellung zum Sozialstaat, dann wird auch die notwendige Neuorientierung gelingen.

Die Politik muß als mittel- und längerfristige Aufgabe auch die grundlegenden strukturellen Probleme unseres Sozialstaates endlich angehen. Neben dem Problem der Kosten haben wir auch strukturelle Probleme, die möglicherweise über die der anderen westlichen Nationen hinausgehen.

Die Finanzierung unseres sozialen Sicherungssystems ist weitgehend an die Arbeit, konkret den Arbeitsplatz, und damit an die

Arbeitskraft gebunden. Daraus entwickelt sich allmählich ein gefährlicher Kreislauf. Weniger Arbeit bedeutet weniger Einnahmen und höhere Kosten, dies wiederum bedeutet weitere Belastungen für den Arbeitsplatz und damit geringere Wettbewerbsfähigkeit, was als Folge die Tendenz zu höherer Arbeitslosigkeit fördert.

Das Finanzierungskonzept unseres Sozialsystems unterstellt ein ständiges Wirtschaftswachstum. Das kann aber auf Dauer nicht mehr angenommen werden, jedenfalls nicht im Umfang der Vergangenheit. Im übrigen gehört es zu den Gesetzen des Lebens, daß ein Organismus, der auf ständiges Wachstum angewiesen ist, auf Dauer nicht lebensfähig ist.

Unser Sozialsystem ist im Generationenvertrag besonders auf die Alterssicherung angelegt, aber die Familie mit Kindern wird benachteiligt. Dies ist ungerecht, vor allem gegenüber den Müttern, und angesichts der bedenklichen demographischen Entwicklung auch grundfalsch.

Unser Sozialstaat ist unter den Bedingungen einer national steuerbaren Volkswirtschaft konzipiert. Die volkswirtschaftliche Entwicklung unterliegt aber zunehmend internationalen Bedingungen. Die Macht und der Einfluß der Regierungen auf diese Entwicklung sinken. Die Soziale Marktwirtschaft steht zunehmend im Wettbewerb mit Marktwirtschaften, die den sozialen Ausgleich und die damit verbundenen Kosten nicht kennen.

Die Bedingungen und die Wechselwirkungen des Sozialstaates sind der großen Mehrheit unserer Bevölkerung fremd, sie werden nicht verstanden. Das gilt besonders für das System der Alterssicherung, für den Generationenvertrag. Die überwältigende Mehrheit versteht dies als eine Versicherung, in die eingezahlt wurde und aus der nun die Leistungen fließen; sie versteht nicht den Mechanismus des Generationenvertrags, dessen Leistungsfähigkeit ausschließlich von der Bereitschaft und der Leistung der beitragszahlenden Generation abhängt.

Ein besonderes Krebsübel sind die komplizierten und undurchschaubaren Kostenstrukturen, die die Auswirkungen der Verhaltensweisen des einzelnen, auch veränderter Verhaltensweisen, nirgendwo erkennen lassen. Diese Anonymisierung führt leicht zur kollektiven Unverantwortlichkeit.

Gigantische Aufgaben stehen also an. Naturgemäß und ganz verständlicherweise gibt es bei jeder Veränderung Interessenkonflikte. Ein Grundkonsens muß angestrebt werden, sollen mörderische Verteilungskämpfe vermieden werden. Wie könnte er aussehen?

1. Die Gesamtausgaben des Sozialstaates dürfen – wie bereits erwähnt – nicht mehr stärker steigen als die volkswirtschaftliche Leistung. Das ist das unabdingbare Nahziel. Nur so kann möglichst rasch die Wettbewerbsfähigkeit mit anderen Industrieländern wiederhergestellt werden. Die bisherige Ausgabendynamik muß gebrochen werden.

2. In einem nächsten Schritt müssen für eine »Sanierungsperiode« die Ausgaben des Sozialstaates unter den Zuwachs der volkswirtschaftlichen Leistung gesenkt werden, weil nur so die Höhe der Steuern und Abgaben reduziert werden kann.

3. Zur Finanzierung des Sozialstaates ist keine zusätzliche Verschuldung vertretbar. Wir müssen unsere Kosten auf unser Leistungsvermögen reduzieren. Eine Verschuldung für diese laufenden Kosten unserer Lebenshaltung (nicht für langfristige Investitionen oder historische Aufgaben wie die Wiedervereinigung) ist gegenüber den Nachkommen nicht zu vertreten.

4. Künftig muß für alle Lebensbereiche das Prinzip gelten: Was der einzelne Mensch zumutbar selbst leisten kann, muß er auch selbst leisten. Die Hilfe durch den Staat oder die Solidargemeinschaft der Versicherten hat ergänzenden Charakter.

Umweltschutz – handeln für die Zukunft

W er ist nicht für wirksamen Umweltschutz? Alle sind dafür, und es sind auch zwischen den Parteien keine besonderen Unterschiede zu erkennen. Das ist die allgemeine Einschätzung. Richtig ist, daß nicht nur bei den Parteien, sondern auch bei der großen Mehrheit der Bevölkerung im Ziel weitgehende Einigkeit besteht, da sich kein vernünftiger Mensch dieser Einsicht und dieser Aufgabe entziehen kann.

Umfrageergebnisse zeigen auch, daß in der Kompetenz und im Engagement hier vor allem den Grünen das meiste Vertrauen entgegengebracht wird. Dies steht angesichts der tatsächlichen Ergebnisse der Umweltpolitik in Zeiten der Unionsregierungen in einem krassem Mißverhältnis zur Wirklichkeit, aber die Unionsparteien haben sich dieses Ergebnis, diesen öffentlichen Eindruck, selbst zuzuschreiben. Vor allem haben sie es versäumt, die Grundlagen, die Wertorientierung ihrer Umweltpolitik entsprechend herauszuarbeiten.

Umweltpolitik – das ist vor allem für die Engagierten weit mehr als eine pragmatische Sachpolitik. Es ist in besonderer Weise das Ringen um die Frage, wie wir morgen leben wollen und leben können. Die Unionsparteien haben dabei ihre Domäne im technischen Umweltschutz. Dies entspricht auch den Denkkategorien unserer Zeit: messen, wiegen, zählen – damit kann man argumentieren und abwägen. Doch so wenig diese Einstellung für Kultur und Humanität ausreicht, so wenig reicht sie für einen tragfähigen Umweltschutz.

Die Grundsatzentscheidung über die Orientierung des Natur- und Umweltschutzes ergibt sich aus der Beurteilung der Rolle des Menschen in seinem Handeln gegenüber der Natur, aus seiner Freiheit und seiner Verantwortung. In der Tradition des christlichen

Schöpfungsglaubens ist die Natur der Lebensraum, den Gott den Menschen als Aufgabe zur Gestaltung einer humanen Lebenswelt überantwortet hat. Dabei ist der Mensch in der Natur so verwurzelt, daß er keinen Augenblick außerhalb dieser Verwurzelung existieren kann. Gleichzeitig hat er aber als einziges vernunftbegabtes Wesen die Freiheit und die Aufgabe, an der Weiterentwicklung der Schöpfung mitzuwirken, sie zu bewahren und verantwortungsbewußt zu gestalten. Der Mensch ist Teil der Natur, er hat gleichzeitig eine besondere und einmalige Aufgabe. Aus diesem christlichen Menschenbild ergeben sich die Maßstäbe für den Umgang mit der Natur.

Jede Art von Gebrauch der natürlichen Umwelt – insbesondere von Luft, Wasser, Boden, Lebewesen und Landschaft – darf sich dauerhaft nur innerhalb des Rahmens der Nachhaltigkeit entwickeln: Genutzt oder verbraucht werden darf nur soviel, daß auch künftige Generationen noch die gleichen Lebenschancen haben können. Dieser Maßstab verbietet Ausbeutung und Raubbau.

Trotz dieser Sonderstellung des Menschens bemißt sich der Umgang mit der Natur aber nicht ausschließlich an der Nützlichkeit für den Menschen. Die Grenzen unseres Handelns dürfen nicht nur mögliche negative Rückwirkungen auf den Menschen sein.

»Auch tierisches und pflanzliches Leben sowie die unbelebte Natur verdienen Wertschätzung, Achtung und Schutz.«

(Gemeinsame Verlautbarung der katholischen und der evangelischen Kirche: Verantwortung wahrnehmen für die Schöpfung, 1985)

Der Eigenwert des Lebendigen verlangt unabhängig vom unmittelbar einsehbaren Nutzen für den Menschen Respekt, ja Ehrfurcht im Umgang mit dem außermenschlichen Leben. Es kann aber auch keine Minderbewertung des menschlichen Lebens geben, wie dies in den grün-emanzipatorischen Positionen erkennbar ist, die die Eingriffe des Menschen in die Natur und den Gestaltungsraum des Menschen gegenüber der Natur auf ein Minimum reduzieren, Blumen oder Tieren einen absoluten Schutz gewähren wollen, aber das menschliche Leben, etwa das ungeborene Leben im Mutter-leib, in eine beliebige menschliche Verfügbarkeit stellen.

Es ist offenkundig, daß sich die moderne Gesellschaft mit dem technischen Umweltschutz leichter tut als mit einem wirksamen Naturschutz. Es zählt zu den Eigengesetzlichkeiten des Naturhaushaltes, daß die Belastbarkeit, auch von Teilräumen wie eines Sees oder Landschaftsteils, kaum berechenbar ist. Die Natur entzieht sich in hohem Maß unserer Berechnung. Gleichwohl gibt es diese Grenzen. Im übrigen gilt: Wer der Natur nur berechnend begegnet, dem verschließt sie sich, weil die Lebensfähigkeit einer solchen Einstellung so verkümmert, daß das Wesentliche nicht mehr erspürt und begriffen wird.

Der notwendige Maßstab im Umgang mit der Natur steckt in dem Wort »Kulturlandschaft«. Wenn wir mit der Natur umgehen wie mit anderen anerkannten und respektierten Kulturgütern – einfühlsam, sehr sorgfältig abwägend, ob ein Eingriff oder gar eine Zerstörung angemessen und zwingend notwendig ist, wissend um die Bedeutung von Kulturgütern jenseits ihres materiellen Wertes und ihrer Nützlichkeit für den Alltag –, dann haben wir auch die notwendige Basis, das notwendige Einfühlungsvermögen für den Umgang mit der Natur. Dies führt nicht zum Konservieren, zur Erstarrung, sondern zur behutsamen Entwicklung.

Viele Probleme der Zivilisation und des Wohlstandes lassen sich nur durch eine noch bessere Technik lösen. Hier bietet der technisch-wissenschaftliche Fortschritt viele Chancen, schier unlösbar erscheinende Probleme der Industriegesellschaft einer naturverträglichen Auflösung zuzuführen.

Umweltschutz ist keine neue Erfindung. Schon der Bau der ersten Kanalisationen in den Städten war eine solche Anstrengung. Neu ist die Dimension unserer Einwirkungsmöglichkeiten in der Veränderung der Welt, und dies in weltweiten Dimensionen und Vernetzungen.

Die neue Dimension der Wirkungsmöglichkeiten der Folgen unseres Handelns begründet auch eine neue Dimension der Verantwortung. Die gewohnten räumlichen und zeitlichen Beschränkungen sind gesprengt. Die weltweiten Wechselwirkungen sind gerade für alle Aufgaben der Ökologie von besonderer Bedeutung. Die Verschmutzung der Gewässer und der Luft kennt in ihrer Wirkung keine nationalen Grenzen. Die Diskussion über Klimaveränderungen als Folge menschlichen Handelns macht die Dimension der Probleme, die Zusammenhänge und die weltweite Verantwortung besonders deutlich. Wir können uns dieser Probleme nicht dadurch entledigen, indem wir, wie unsere Vorfahren in Hungersnöten, in eine andere Gegend, in einen anderen Erdteil auswandern, oder, wie bei den sich erschöpfenden Rohstoffen, neue Ersatzmaterialien entwickeln.

Die Macht, über das Leben zu verfügen, ist größer als das Wissen um alle Konsequenzen unseres Handelns. Gewiß konnte man auch früher nicht alle Folgen abschätzen, aber die Folgen waren begrenzter. Voraussicht und Wirkung des Handelns waren von ähnlicher, aber bescheidener Größenordnung. Heute haben Wissenschaft und Technik die Folgen menschlicher Tätigkeit soweit in die Zukunft verlagert, daß menschliche Vorausschau diese allzu oft nicht mehr erkennt.

Die Politik muß sich damit einer neuen moralischen Herausforderung stellen. Im demokratischen Kräftespiel kommen die gegenwärtigen Interessen zwar zum Zug, aber zu häufig leider nur die Einzelinteressen durchsetzungsfähiger Gruppen. Wer vertritt die Langzeitfolgen, die Lebensinteressen künftiger Generationen?

Dies ist eine besondere Aufgabe und eine besondere Herausforderung der konservativen Kräfte in Politik und Gesellschaft, die sich schon von ihrem Selbstverständnis her dem langfristigen Denken verpflichtet fühlen.

Die Umweltpolitik hat es gegenwärtig angesichts der ökonomischen Probleme schwer. In der Tat muß wohl auch der engagierte Umweltpolitiker zugestehen, daß gegenwärtig der Bewältigung der sich abzeichnenden ökonomischen und sozialen Krise Vorrang zukommt. Dies gilt vor allem für eine Politik, die die Schaffung und Erhaltung von Arbeitsplätzen zum Ziel hat. Wenn diese Probleme nicht befriedigend gemeistert werden, kann viel verspielt werden: die Demokratie, die soziale Stabilität, der ökonomische Handlungsspielraum – auch der Handlungsspielraum für weitere kostenträchtige Anstrengungen im Umweltschutz.

Dies bedeutet nicht zwangsläufig Stillstand für den Umweltschutz. Es muß aber gründlich überlegt werden, welche Instrumente im Umweltschutz in dieser Situation möglich sind. Die Abgabenlast für Bürger und Unternehmen ist schon jenseits der Grenze des dauerhaft Erträglichen. Deshalb können Umweltschutzmaßnahmen mit weiteren Belastungen derzeit kaum vertreten werden. Die sogenannten »aufkommensneutralen Umschichtungen« führen auch zu keiner Entlastung der Volkswirtschaft, sondern nur zu einer Umverteilung mit neuen Belastungen für andere Gruppen. Da gegenwärtig weitgehend Übereinstimmung darüber herrscht, daß angesichts der Arbeitsplatzprobleme die Unternehmungen und die Arbeitsplätze nicht zusätzlich belastet und gefährdet werden dürfen, läuft dies auf eine zusätzliche Belastung des Bürgers als Verbraucher hinaus. In diese Situation müssen auch alle Vorschläge um eine Energiesteuer oder eine ökologische Steuerreform eingeordnet werden.

In der gegebenen Situation ist es besser, Maßnahmen einzuleiten, die über Anreize die notwendigen Entwicklungen fördern. Dazu zählen beispielsweise günstige Abschreibungsmöglichkeiten bei der Investition in umweltfreundliche Techniken – etwa moderne Hausheizungen. Natürlich muß dafür der Finanzminister auch eine Deckung im Haushalt finden. Dies ist in der jetzigen Situation gewiß schwierig, aber es ist insgesamt eher vertretbar als eine Belastung weiterer Bevölkerungsgruppen. Die sogenannte ökologische Steuerreform hat im übrigen ihre Faszination nur so lange, wie die Diskussion sehr allgemein geführt wird.

Die Umweltkonferenz von Rio prägte den Begriff der dauerhaften und nachhaltigen Entwicklung als Leitidee der Umweltpolitik. Wir müssen weg von einer Maximierung des Wachstums und hin zu einer Optimierung. Die Natur muß als »dritter Sozialpartner« akzeptiert werden. Davon sind wir heute noch weit entfernt.

Wo sind in der heutigen Situation wichtige Handlungsfelder?

1. Zunächst kommt es darauf an, sich mit den bisherigen Schwächen und Fehlentwicklungen auseinanderzusetzen. Die Umweltpolitik war und ist noch zum Teil zu hektisch, damit oft nicht ausreichend für Dispositionen und Investitionen kalkulierbar. Dies hängt mit der Tatsache zusammen, daß die Umweltpolitik sehr stark unter dem Medien- und Meinungsdruck von Ereignissen steht. Aus einem Medienereignis erwächst Handlungsdruck für die Politik – mit heißer Nadel gestrickte Maßnahmen erweisen sich später häufig als zu wenig durchdacht, mit zu vielen unbedachten Nebenwirkungen belastet. Es kommt hinzu, daß Umweltpolitik bei uns zu stark von Ängsten bestimmt ist. Diese Ängste sind teilweise verständlich. Sie führen aber dazu, daß mitunter nicht souverän und angemessen gehandelt wird. Als Folge dieser Ängste haben wir eine sehr große Regelungsdichte und eine zu geringe Bereitschaft bei allen Beteiligten, einschließlich der Wirtschaft, mehr marktwirtschaftliche Regelungen zu akzeptieren.

2. In der Weiterentwicklung des Umweltschutzes und auch der Umwelttechnik ist ein Aspekt besonders wichtig, der zwar nicht neu, aber noch immer nicht richtig umgesetzt ist. Bildlich ausgedrückt: Der Umweltschutz muß endgültig aus der Reparaturabteilung heraus und in die Planungsabteilung hinein. Noch immer sind unsere Umweltdiskussion und unsere Umwelttechnik zu sehr auf »Reparatur« ausgerichtet. Damit können wir auf Dauer nicht Probleme lösen, weil wir immer hinterherhinken werden. Wir müssen deshalb beschleunigt von isolierten Einzelfall-Lösungen weg und hin zu ganzheitlichen Ansätzen. Notwendig sind ein Systemdenken und ein Systemhandeln. Wir müssen es endgültig schaffen, daß der Umweltschutz bereits am Anfang aller Betrachtungen, Überlegungen und Initiativen voll integriert wird. Er muß so integriert werden, wie heute viele sozialpolitische Gegebenheiten vorausschauend von vornherein mit einkalkuliert werden.

Das ist sicherlich nicht einfach. In vielen Lebensbereichen haben wir heute das Problem, daß sich Spezialisten verselbständigen, einschließlich der Fachbehörden. Dann treibt jeder in seinem Bereich die Anforderungen auf die Spitze. Am Schluß sind wir kaum mehr zu einer Güterabwägung und zu Entscheidungsprozessen fähig. Im Bereich des Umweltschutzes ist diese Tendenz seit einiger Zeit verstärkt zu beobachten.

Eine Gesamtschau und ein ganzheitlicher Ansatz sind auch deswegen so wichtig, um in allen Bereichen zu einem effizienten Mitteleinsatz zu kommen. Gerade beim Umweltschutz besteht die Gefahr, daß Teillösungen als einseitige Reaktion und letztlich auf Kosten anderer Umweltbereiche realisiert werden.

3. Die Entkoppelungsstrategie muß konsequenter als bisher verwirklicht werden. Wir brauchen eine Entkoppelung von Wachstum und Energieverbrauch, von Wachstum und Umweltbelastungen, von Wachstum und Mobilität. Am Rande bemerkt: Die Entwicklung zur Informationsgesellschaft eröffnet hier neue Chancen, wenn etwa die Telekommunikation Möglichkeiten aufzeigt, die zur Verringerung des Verkehrs führen können.

Der Staat muß ordnungspolitisch – mit richtigen Rahmenbedingungen, mit Geboten und Verboten – die äußeren Bedingungen für einen wirksamen Umweltschutz schaffen. Auch das Haftungsrecht ist hier zu nennen. Es ist notwendig, auf den Vorrang von Selbstverwaltung, auf Hilfe zur Selbsthilfe, auf Kooperation von Staat und Wirtschaft und auf das sich selbst steuernde System des Marktes zu setzen. Der von der Bayerischen Staatsregierung auf den Weg gebrachte »Umweltpakt« ist hier ein richtungweisendes Beispiel. Damit können die dynamischen Kräfte der Wirtschaft für umweltpolitische Ziele besser genutzt werden als mit harter Reglementierung. Er dokumentiert, daß sich in den Führungsetagen der Wirtschaft die Einstellung zum Umweltschutz grundlegend gewandelt hat. Noch vor wenigen Jahren hätte die Politik solche Maßnahmen mühsam erzwingen müssen, wie etwa die Widerstände bei der Einführung des Katalysators gezeigt haben.

4. Wir brauchen vor allem eine konsequente Weiterentwicklung des Verursacherprinzips in dem Sinne, daß die Preise die wahren Kosten ausdrücken müssen. Eine richtige Zuordnung der Kosten, eine Vollkostenrechnung, ist der entscheidende Schritt zum wirksamen Umweltschutz. So stellt sich zum Beispiel die Frage, ob die Energiepreise heute, umweltpolitisch und im Sinne einer ökologisch-ökonomischen Langfriststrategie gesehen, nicht zu niedrig sind, um genügend Anreizwirkung zu entfalten? Wäre es nicht notwendig und wichtig, Bedingungen zu schaffen, damit verbrauchsarme Autos von den Unternehmen verstärkt entwickelt und von den Kunden vermehrt gekauft werden?

Im Abfallbereich wurden zum Beispiel Rahmenbedingungen für Kostenwahrheit dadurch geschaffen, daß Abfallentsorgungsanlagen nicht mehr gefördert werden. Die Preise müssen jetzt die Kosten decken!

Natürlich gibt es hier eine Grenze, jenseits der das Verursacherprinzip nicht mehr sozial verträglich wäre. Beispiel Abwasser: Würde hier das Verursacherprinzip ohne jede staatliche Förderung verwirklicht, dann müßten viele sogenannte kleine Leute ihr Haus verkaufen, damit sie noch ihren Kanalanschluß finanzieren können.

5. Eine weitere wichtige Aufgabe: Die Effizienz des Umweltschutzes muß erhöht werden. Wir brauchen eine bessere Abwägung von Aufwand und Nutzen als bisher. Der Umweltschutz muß sich, wie alle anderen Politik- und Finanzierungsbereiche auch – selbstverständlich vorurteilsfrei und ohne frühzeitige Tabuisierung –, der Frage über die Verhältnismäßigkeit der eingesetzten Mittel stellen.

Es ergibt zum Beispiel keinen Sinn, wenn nach den gegenwärtigen Vorschriften in den alten Bundesländern mit riesigem finanziellen Aufwand auch das letzte Mikrogramm Schadstoff aus den Abwässern herausgeklärt werden muß, wenn mit demselben finanziellen Aufwand in den neuen Bundesländern die Schadstoffe kilogrammweise beseitigt werden können. Mit die-

ser und anderen Änderungen wollen wir ein deutliches Mehr
an Flexibilität und Gerechtigkeit im Einzelfall sicherstellen, ohne daß die wasserwirtschaftlichen Belange und der Umweltge-
danke vernachlässigt werden.

6. Ein besonders schwieriges Feld, das für den weiteren Weg in
der Umweltpolitik von besonderer Bedeutung ist, ist die künftige
Energiepolitik. Auch hier haben wir uns bisher zu sehr auf einzelne Teilbereiche konzentriert. Wir brauchen ein schlüssiges
energiepolitisches Gesamtkonzept. Es muß die Zukunft von
Kernenergie und Kohle ebenso umfassen wie die regenerativen
Energien, aber auch den intelligenten und sparsamen Energie-
einsatz. Zugleich ist ein integrativer Ansatz erforderlich: Die
Verkehrspolitik zum Beispiel muß einbezogen werden.

7. Und schließlich gilt gerade für den Bereich des Umweltschutzes, daß die nationale Politik durch internationale – insbesondere europäische – Regelungen flankiert werden muß. Eine
Harmonisierung der Energiebesteuerung in der Europäischen
Union zum Beispiel ist weiterhin dringend notwendig. Ein weiteres Beispiel: Mit Blick auf die Ozonbelastung muß eine Verbesserung der Benzinqualität europaweit durchgesetzt werden.
Die Umweltpolitik zeigt sehr drastisch, daß wir dringend weitere europapolitische Fortschritte brauchen.

Europa ist unser Schicksal

Die Europapolitik war in den Jahren 1990 bis 1995 vor allem darauf ausgerichtet, in einer Umbruchzeit zu stabilisieren und die Folgen aus dem Zusammenbruch des Kommunismus zu bewältigen. Nun ist die europäische Politik an eine Schwelle gelangt, wo Konsequenzen notwendig sind. Nach dem europäischen Fahrplan sollen mit der Regierungskonferenz, die Ende März 1996 in Turin begann – landläufig Maastricht II genannt –, die Weichen gestellt werden. Mit mehrjährigen Verhandlungen ist zu rechnen. Scheinbar unabhängig davon steht der Fahrplan für die Verwirklichung der Währungsunion bereits fest.

Die Europapolitik steht vor einer Fülle offener Fragen, deren Beantwortung fast der Quadratur des Kreises gleichkommt. Von den Politikern fordert dies eine besondere Bereitschaft zu verantwortungsbewußtem Vorgehen, da die Europapolitik in fast allen europäischen Ländern eher von Kritik als von positiven Erwartungen begleitet wird. Den politisch Verantwortlichen muß aber klar sein, daß auf diesem Feld Fehlentscheidungen – sei es aufgrund innenpolitischer Rücksichtnahme oder Fehleinschätzung – ungleich schwieriger zu korrigieren sind als in der Innenpolitik und daß diese Entscheidungen darüber hinaus von größerer Tragweite sind. Denken in historischen Dimensionen ist gefordert, allerdings ohne dabei die Realitäten der aktuellen Situation aus dem Auge zu verlieren.

Für Deutschland ist die Situation nach dem Zusammenbruch des Kommunismus, der Wiedervereinigung und der wiedererlangten zentralen Lage in Europa nicht einfacher, sondern sehr viel schwieriger geworden. Die Entscheidungen gewinnen noch größere Tragweite. Die »2+4«-Verhandlungen sowie alle Gipfeltreffen seit

1990 wollten vermeiden, aus Deutschland eine »wankende und schwankende« Mitte werden zu lassen, einen unkalkulierbaren Faktor in Europa. Mit dieser Erwartung war die Zustimmung zur Wiedervereinigung verbunden.

Deutschland ging damit nicht nur in den Augen der Nachbarn eine besondere Verpflichtung für die Integration Europas ein, sondern es ist auch in unserem ureigensten und besonderen Interesse, daß der Integrationsprozeß voranschreitet und Deutschland nicht wieder in die Instabilität einer Position zwischen West und Ost gerät. Deshalb muß die Bindung des vereinten Deutschlands an die westeuropäischen Nachbarn eindeutig sein. Gleichzeitig lastet auf Deutschland die besondere Verantwortung der Heranführung der östlichen Nachbarn.

In Stunden des Zweifels und der aktuellen Schwierigkeiten sollten alle Verantwortlichen die Geschichte Deutschlands studieren. Konsequenz aus dieser Mittellage kann Stabilität sein, es können aber auch Katastrophen sein. Michael Stürmer hat dies in seinem Buch »Die Grenzen der Macht« eindrucksvoll beschrieben.

Das neuzuschreibende Kapitel europäischer Politik hat nicht nur die veränderten äußeren Voraussetzungen in den Machtkonstellationen zu berücksichtigen. Es fällt auch in die Zeit eines tiefgreifenden geistigen und kulturellen Umbruchs. Nun gibt es insoweit Parallelen zu der von Stürmer beschriebenen Situation vor der Jahrhundertwende:

»Mit dem Modus der Macht und der neuen Unordnung der großen Politik änderte sich auch das Seelenleben der Menschen und Völker, und es ist schwer zu sagen, was Ursache war, was Wirkung. Überall öffneten sich neue, lockende und gefährliche Horizonte, in der Meisterung der Technik wie in der Bloßlegung der Seelenwelten. Als der unsinkbare Luxusliner ›Titanic‹ in einer bitterkalten Aprilnacht des Jahres 1913 im Nordmeer gegen einen Eisberg stieß und binnen Stunden doch sank, war dies für die Technik jenes Menetekel, das für die moralische Zivilisation des bürgerlichen Zeitalters die Schriften des Wiener Psychiaters Dr. Siegmund Freud waren: der Blick in den Untergrund, jenseits aller Sicherheit. [...] Diese

Entgrenzung, die der Politik die Maßstäbe nahm, kam aus den zerfallenden Fundamenten aus Kultur und Gesellschaft.«

(Michael Stürmer, Die Grenzen der Macht;
Begegnung der Deutschen mit der Geschichte, Berlin 1992)

Die Europadebatte hat eine eigenartige Konstellation: Diejenigen Länder, die in der Europäischen Union sind, zeichnen sich durch eine wehleidige und verdrossene Stimmung aus; die Staaten, die draußen sind, möchten fast alle möglichst schnell hinein.

Entwickelt sich hier eine große Kluft zwischen den Regierenden und ihren Bürgern? Der Verlauf der Beitrittsdiskussion bei der letzten Erweiterung läßt aufhorchen. In allen Ländern plädierten die Regierung, fast alle Parteien und die großen Organisationen für den Beitritt – trotzdem waren die Volksabstimmungen eine einzige Zitterpartie mit durchwegs knappen Ergebnissen. Ursache hierfür war ein Konflikt zwischen rationalen Argumenten einerseits und dem Lebensgefühl der Bevölkerung andererseits. Für die Politik ist dies eine gefährliche Situation, denn auf Dauer kann nicht gegen das Lebensgefühl der Bevölkerung Politik gestaltet werden; die erzielten Ergebnisse können dann nicht Bestand haben.

Worin besteht die Hauptsorge der Bevölkerung? Die Menschen haben Angst vor Identitätsverlust, vor Fremdbestimmung durch anonyme und undurchschaubare Großorganisationen.

Die ursprüngliche Konzeption der künftigen Struktur des Vereinigten Europas war stark vom Vorbild der Vereinigten Staaten von Amerika geprägt. Hinzu kam, daß in den 60er und 70er Jahren der allgemeine Trend hieß: Groß ist modern und zukunftsweisend, klein ist kleinkariert und rückwärtsgewandt.

Heute haben wir eine andere Sichtweise: Das Große, das Internationale und das Weltweite haben an Faszination verloren. Aber auch die Erfahrungen in der Wirtschaft führten zu einem veränderten Denken. Sie lauten zusammengefaßt: Je zentralistischer, um so lebensfremder, problemferner und undurchschaubarer, mit Verlust an Identifikation und Motivation für alle Beteiligten. Das hat dazu geführt, daß auch weltweit operierende Unternehmen in über-schaubaren Einheiten ihre Substrukturen schaffen, um den Nachteil der großen Einheiten auszugleichen. Die Politik vollzog diesen Wandel nicht ausreichend mit. Im Vertrag von Maastricht ist zwar das Subsidiaritätsprinzip verankert worden, die realen Fortschritte im Sinne dieser Zielsetzung sind aber kaum feststellbar. Dabei wehren sich nicht nur die »Eurokra-ten« in Brüssel, sondern auch Behörden und Verwaltungen bei uns gegen Kompetenzverlust durch Delegation. Auch die überwälti-gende Mehrheit der Politiker hat die überlebenswichtige Bedeu-tung einer Verwirklichung des Subsidiaritätsprinzips für die Akzep-tanz der Europäischen Einigung bei der europäischen Bevölkerung noch nicht entsprechend in ihr Denken einbezogen. Selbst in Deutschland, dem Land mit der großen Tradition beim Föderalis-mus und in der bundesstaatlichen Verfassung, ist dies kein großes Thema. Dabei ist gerade mit Blick auf die ethnischen Probleme und Minderheiten-Konflikte in Osteuropa, aber nicht nur dort, der Fö-deralismus aktueller denn je. Föderalismus ist ein friedensstiftendes Instrument, weil damit der Respekt vor Kulturen, Geschichte und Sprache, vor Minderheiten und Volksgruppenrechten zum Aus-druck kommt. Er ermöglicht Vielfalt und Einheit zugleich.

Die Umsetzung dieses Gedankens ist in Europa auch deshalb schwierig, weil andere Nationen die Tradition und die Erfahrung des Föderalismus nicht kennen. Die Regierenden in den Hauptstäd-ten sehen darin häufig nur eine verkappte Form von Separatismus und Wegbereitung zur Abspaltung. Trotzdem: Wirklich gelebte Subsidiarität und lebendiger Föderalismus sind der Schlüssel zur Weiterentwicklung in Europa, zur Akzeptanz der Europäischen Ei-nigung in der Bevölkerung. Nochmals: Damit ist auch eine wichti-ge Hilfestellung für die Bewältigung der Volksgruppenkonflikte in Osteuropa möglich. Die rechtlichen und politischen Erfahrungen mit dem Status von Südtirol sind dafür beispielsweise ein Erfah-rungsschatz, der leider überhaupt nicht genutzt wird.

Die Ergebnisse der Regierungskonferenz von Maastricht entsprechen einer Zusammenfassung des Denkens und der Entwicklung in
den 80er Jahren, beschlossen zu einem Zeitpunkt, als sich die
Welt dramatisch verändert hat und damit auch viele Rahmenbedingungen. In dieser Phase war es trotzdem richtig, ja wichtig, das
Erreichte in dieser Weise zu stabilisieren und neue Ziele zu setzen,
damit sich Europa in dieser Umbruchsituation nicht auseinanderdi-
vidiert. Dabei haben damals die Ängste vor dem gerade wieder
größer werdenden Deutschland sicher eine erhebliche Rolle ge-
spielt. In den vergangenen Jahren ist jedoch deutlicher geworden,
daß sich die Rahmenbedingungen für die weitere Entwicklung zum
Teil erheblich verändert haben. Wie kann es weitergehen?

Die Probleme und die Konflikte verdichten sich in den beiden
Begriffen Vertiefung und Erweiterung. Die Europäische Union ist
schon in ihrer jetzigen Größe mit den vorhandenen Strukturen
nicht mehr entsprechend ausreichend handlungsfähig. Besonders
drastisch hat sich dies in der Außen- und Sicherheitspolitik gezeigt;
der Konflikt in Ex-Jugoslawien ist dafür ein trauriges Beispiel. Über
die Defizite besteht weitgehend Übereinstimmung, über die notwendigen und möglichen Veränderungen wird es noch erhebliche
Auseinandersetzungen geben. Die künftige staatsrechtliche Struktur Europas ist offen, und im Prinzip muß hier Neues entwickelt
werden. Noch gibt es auch in Deutschland Anhänger eines Bun-
desstaates Europa, aber sie werden täglich weniger. Angesichts
der geschilderten Probleme kann dies nicht die Lösung sein. Diese
liegt näher bei einer Konföderation von Nationalstaaten, aber
auch dieses staatsrechtliche Modell trägt nicht ausreichend.

Das größte politische Problem der Europapolitik ist, daß für die
Bevölkerung nicht mehr ausreichend klar ist, warum der europäische Einigungsprozeß weiter voranschreiten muß. Die Schuld
dafür liegt einmal bei den Meinungsführern im Lande – den Politikern, den Publizisten und den übrigen Repräsentanten der öffentlichen Meinung – weil sie von Europa überwiegend nur noch kri-
tisch und negativ reden. Sie vergessen, bei aller notwendigen und
berechtigten Kritik an Fehlentwicklungen, auch immer wieder dar-

zustellen, was der Europäische Einigungsprozeß für uns bedeutet und warum er voranschreiten muß. Die Ursache liegt aber auch in der Komplexität der Aufgabe – eine Komplexität, die nach den Ereignissen von 1989/1990 noch erheblich zugenommen hat. Der europäischen Politik fehlt gegenwärtig das Leitbild und ein Konzept für eine innere Ordnung, die ihre Begründung nicht mehr durch die Bedrohung von außen, sondern durch die innere Legitimation hat und geeignet ist, auch das größere Europa, das ganze freie Europa mit über 25 Staaten in eine Gemeinschaft zu führen.

Die Situation in den einzelnen Ländern, die Fähigkeit und die Bereitschaft zur Integration in einen einheitlichen Rahmen ist dabei so unterschiedlich, daß über das Bestehende hinaus neue und verschiedene Stufen der Zusammenarbeit und Verbindlichkeit gefunden werden müssen: ein Europa der verschiedenen Geschwindigkeiten, ohne daß deswegen das Bestehende gefährdet wird.

Angesichts der zunehmenden Internationalisierung unseres Lebens geht es im europäischen Einigungsprozeß schlichtweg darum, ob die Europäer nach dem Jahr 2000 in der Welt noch eine Bedeutung haben werden.

Europa hat mit seiner Kultur und seiner technisch-wissenschaftlichen Entwicklung für den gesamten Globus viele Akzente gesetzt, Entwicklungen beeinflußt und den eigenen Einfluß prägend gestaltet. Im Jahr 2000 werden die rund 340 Millionen EU-Europäer gerade noch vier Prozent der Weltbevölkerung ausmachen. Die Dynamik der wirtschaftlichen Entwicklungen liegt in Südostasien und wieder vermehrt in Amerika. Wird Europa – wie es der verstorbene Herausgeber der Wirtschaftswoche, Wolfram Engels, einmal polemisch formulierte – »zum Wurmfortsatz Asiens?« Werden wir Europäer nicht nur in Fragen der Sicherheits- und Außenpolitik, sondern auch wirtschaftlich und in der Folge womöglich auch kulturell immer mehr zu einem Anhängsel von Amerika?

Welches Gewicht hat in den weltweiten Auseinandersetzungen um die Gestaltung der Rahmenbedingungen für die Zukunft – etwa für

Forschung und Entwicklung, für die Grenzen des Fortschritts und für die Gestaltung von Welthandelsbeziehungen – die christlich-abendländische Wertetradition, wenn die Europäer zur Bedeutungslosigkeit herabsinken? Welche Konsequenzen hätte eine solche Entwicklung für unsere Kinder und Enkel?

Westeuropa und damit weitestgehend das Europa der Europäischen Union ist gegenwärtig eine Insel der Stabilität. Zu den geplatzten Illusionen der Jahre 1989/1990 zählt leider, daß mit dem Zusammenbruch des Kommunismus die Welt nicht stabiler geworden ist, daß keine Ressourcen frei wurden für die Bekämpfung so großer Aufgaben wie Hunger- und Umweltprobleme, sondern daß die Welt instabiler geworden ist.

Die Zukunft im Gebiet der früheren Sowjetunion ist offen. Morgen oder übermorgen können daraus neue Bedrohungssituationen für Europa entstehen. Deshalb drängen ja die Völker Mittel- und Osteuropas so stark unter den Schutz der NATO.

Die Europäische Union beginnt eine Mittelmeerpolitik zu entwickeln, weil vor allem die südlichen Mitgliedsstaaten ein ständig wachsendes soziales und politisches Bedrohungsszenario aus dem angrenzenden islamischen Raum spüren. Schon ist immer mehr vom islamischen Krisenbogen von Pakistan bis Algerien die Rede. Diesen Risiken kann nicht nur mit einer Neuorientierung der Aufgabenstellung der NATO begegnet werden. Vor allem politische und soziale Antworten sind notwendig. Kein Staat Europas kann diese Probleme allein lösen.

Eng damit verbunden sind wachsende Migrationsbewegungen, die Internationalisierung der Kriminalität, die wirksame Bekämpfung der Umweltprobleme. Keine Volkswirtschaft kann für sich allein noch kalkulieren, keine Regierung eine von weltweiten Verflechtungen unabhängige Finanz- und Wirtschaftspolitik gestalten.

Die deutschen Interessenslagen haben ihre Besonderheit in der geographischen Mittellage in Europa. Die deutsche Geschichte ist davon geprägt: Alle Versuchungen, aus Größe und Mittellage eine besondere Rolle abzuleiten, haben zu katastrophalen Folgen geführt. Unsere europäischen Nachbarn haben davor Angst. Verantwortungsbewußte und weitsichtige deutsche Politik muß aber auch im Interesse unseres eigenen Volkes die europäische Einigung so vorantreiben, daß auch nachfolgende Politikergenerationen keinen deutschen Sonderweg mehr gestalten können. Wer will wissen, was in zehn, zwanzig oder dreißig Jahren an geistigen Strömungen, Parteien und Politikern vorhanden sein wird?

Eine Kritik dieser Überlegungen wird lauten: Dies sei zu langfristig gedacht, niemand wisse dies und dafür könne man nicht heute schon Weichen stellen. Aber: Auch Hitler und der Nationalsozialismus hinterließen eine lange Spur bis zur Machtergreifung im Jahr 1933. Gleiches gilt für alle anderen Diktaturen. Gerade nach den Erfahrungen dieses Jahrhunderts muß gelten: Wehret den Anfängen, stellt rechtzeitig die Weichen!

Das heißeste Eisen der Europapolitik ist gegenwärtig die Wirtschafts- und Währungsunion. In Maastricht wurde dafür ein präziser Zeitplan mit präzisen Kriterien beschlossen. Eine Automatik scheint eingeschaltet, die Entwicklung »irreversibel«. Aber noch ist es nicht soweit. Entgegen der beschlossenen Rechtslage besteht wohl weitgehend Einigkeit darüber, daß eine Währungsunion ohne Frankreich oder ohne Deutschland für Europa nicht nur sinnlos, sondern geradezu gefährlich ist. Dieses Beispiel zeigt, daß die Beschlußlage sehr wohl veränderbar ist. Allerdings muß es dafür gewichtige Gründe geben.

Bereits heute kann festgestellt werden: Das Ziel einer Währungsunion hat sich für Europa schon sehr segensreich ausgewirkt. Das Argument »Kriterien der Währungsunion« ist in den Mitgliedsländern der EU zum wichtigen innenpolitischen Argument für finanzpolitische Solidität geworden. Noch nie gab es in Europa so wenig Inflation und soviel finanzielle Stabilität!

Vor dem Hintergrund der geschichtlichen Erfahrungen zweier Geldentwertungen, von zwei Währungsreformen in diesem Jahrhundert, ist in Deutschland die Unsicherheit und Besorgnis groß. Deshalb muß ganz deutlich und unmißverständlich festgehalten werden: Die neue Währungsunion ist keine Währungsreform.

Durch die im Vertrag festgelegten Stabilitätskriterien ist mit dieser Umstellung auch keine Geldentwertung verbunden. Voraussetzung ist natürlich, daß diese Kriterien strikt eingehalten werden. Daran hat die deutsche Politik keinen Zweifel gelassen. Mit dem Urteil des Bundesverfassungsgerichts und der notwendigen Zustimmung von Bundestag und Bundesrat sind dafür auch die notwendigen Sicherungen eingebaut.

Mit dem Jahr 1996 führt der Weg unaufhaltsam an die entscheidende Weggabelung. Kann der vorgesehene Zeitplan eingehalten werden? Mit wieviel Partnern? Wie viele müssen mitmachen, damit es einen Sinn hat? Welche Wirkung auf die europäische Integration wird es haben, wenn nur wenige Länder in der Währungsunion dabei sind und die Mehrheit vor der Tür bleibt? Und welche Wirkung auf die Stabilitätsbemühungen und auf die Geldmärkte hat es, wenn die Wegstrecke verlängert, das Datum verschoben werden muß?

In den Regierungskonferenzen wird betont, daß am Zeitplan festgehalten werden soll. Trotzdem ist überall zu spüren, daß es hier erhebliche Zweifel gibt. Andererseits wagt man gegenwärtig den Zeitplan nicht in Frage zu stellen, wegen der oben geschilderten Befürchtungen, den möglichen oder wahrscheinlichen negativen Wirkungen. Dies gilt gerade auch für die Interessenslage Deutschlands. Mit welchen Wirkungen müssen wir bei einer Verschiebung rechnen? Folgen Spekulationen gegen die Weichwährungen, noch mehr Aufwertungsdruck für die Mark, weitere erhebliche Erschwernisse unserer Exporte?

Welche Wirkungen hier ausgelöst werden können, hat sich gezeigt, als vorsichtige Bemerkungen des Bundesfinanzministers in einer geschlossenen Sitzung eines Bundestagsausschusses bezüglich der Situation in Italien und der wahrscheinlichen oder eher unwahrscheinlichen Teilnahme Italiens an der Währungsunion nach außen getragen wurden.

Für die innenpolitische Auseinandersetzung verspricht die Situation Anfang 1996 nichts Gutes. Es zeichnet sich deutlich ab, daß die SPD der Versuchung einer polemischen Auseinandersetzung um die Währungsunion nicht widerstehen wird. Der erste Versuch bei der Landtagswahl in Baden-Württemberg war nicht erfolgreich – jedenfalls nicht für die SPD. Möglicherweise haben die Republikaner davon schon profitiert. Andere Gruppierungen setzen für die Bundestagswahl 1998 auf dieses Thema. Es gibt keinen Zweifel: Im Frühjahr 1998 – im Wahljahr – den endgültigen Beschluß zur Währungsunion im Bundestag und Bundesrat zu fassen, bedeutet eine große Herausforderung. Trotzdem gilt: Wenn die Voraussetzungen für die Währungsunion erfüllt sind, kann Deutschland nicht aus innenpolitischen Erwägungen heraus abspringen. Dies würde Deutschland mit einem Schlag weltweit in die Kategorie »unkalkulierbar« einreihen und in Europa gefährliche Irritationen auslösen.

Damit die Währungsunion realisiert und ihr mit gutem Gewissen zugestimmt werden kann, sind aber noch schwierige Hausaufgaben zu erledigen.

1. Es muß unverrückbar der Grundsatz gelten: Stabilität vor Geschwindigkeit. Keinesfalls dürfen – um den Zeitplan nicht zu gefährden – die Kriterien weichgeklopft werden. Hier gilt es, gegen entsprechende Bestrebungen im eigenen Land und gegenüber Erwartungen der Partnerländer konsequent Widerstand zu leisten.

2. Der von Bundesfinanzminister Dr. Theo Waigel entwickelte Stabilitätspakt, dem die anderen Finanzminister der EU in Konferenzen zugestimmt haben, muß in eine verbindliche und wirksame Form gebracht werden. Prüfstein ist, ob bei Verletzungen der Kriterien automatisch Sanktionen greifen und nicht erneute politische Verhandlungen darüber geführt werden müssen. Nur so ist das Instrument der Sanktionen auch glaubwürdig und die dauerhafte Einhaltung der Kriterien zu erwarten.

3. Die Länder, die beim Start der Währungsunion nicht dabei sein können, müssen in ein weiterentwickeltes System des Europäi-

schen Währungssystems (EWS) eingebunden werden. Andern-falls ist die Gefahr einer Zweiklassengesellschaft, des Ausein-anderdriftens anstatt eines Integrationsprozesses, wahrschein-lich und zugleich die Versuchung gegeben, mit einer »Politik der weichen Währung« Vorteile im Handel zu erringen. Dies wäre nicht nur für die anderen Mitgliedsländer wegen ihrer ver-ringerten Marktchancen aufgrund der Wettbewerbsverzerrun-gen infolge der Wechselkurse unerträglich; es würde gleichzei-tig eine neue Spaltung innerhalb der EU besiegeln.

Nur wenn diese Voraussetzungen geschaffen werden können, ist Europa finanz- und wirtschaftspolitisch für die Währungsunion reif genug. Dann ist die Währungsunion aber auch eine Chance im zu Ende gehenden 20. Jahrhundert, Europa zur Zone der Stabilität zu gestalten, wirtschaftlich, sozial und politisch, und darüber hinaus Europa auch im nächsten Jahrtausend in der Welt Gewicht zu ver-leihen.

Ist Europa reif für diesen Schritt? Oder gefährdet eine Durchset-zung der Währungsunion zu einem zu frühen Zeitpunkt den weite-ren Integrationsprozeß, weil Europa politisch und kulturell in dieser Umbruchzeit, in der die meisten Mitgliedsländer große innere Kri-sen und Probleme zu bewältigen haben, nicht reif genug ist? Dar-über wird noch eine heiße Debatte entbrennen. Für die Antworten gibt es keine letzten Sicherheiten.

Käme aus Deutschland das Signal zur Verschiebung des Termins, dann würde dies wiederum irrationale Ängste auslösen. Anderer-seits werden wir aus dem Dilemma der dominierenden Position in der Währungspolitik nicht herauskommen. Würde durch deutsche Initiative die Währungsunion verschoben, käme von den Nach-barn schnell der Vorwurf, daß die Deutschen mit ihrer Bundesbank nur wieder allein die Währungspolitik sowie damit letztlich die Be-dingungen der Finanz- und Wirtschaftspolitik und in der Konse-quenz die der sozialen Entwicklung in Europa diktieren wollen. Kommt die Währungsunion, werden wir wahrscheinlich auch den

Vorwurf ernten, daß die Deutschen mit den von ihnen durchgesetzten harten Kriterien für so manche sozialen Konflikte in Europa die Schuldigen sind. Daraus abgeleitete Forderungen nach zusätzlichen Mitteln aus Deutschland kann keinesfalls entsprochen werden, da gemessen an der wirtschaftlichen Leistungsfähigkeit Deutschlands nach der Wiedervereinigung schon der jetzige Beitrag zu hoch ist.

Was tun, wenn die Währungsunion verschoben werden muß, damit es nicht zum oft beschworenen quasi automatischen Zerfallsprozeß kommt? Zunächst: Es ist falsch und gefährlich, im Vorfeld als Druckkulisse die Alternative »jetzt oder nie, jetzt oder Katastrophe« aufzubauen. Das verbaut eventuell notwendige Korrekturen und fördert Negativentwicklungen. Da die Situation einer Verschiebung nicht unrealistisch ist, müssen schon jetzt Alternativen entwickelt werden.

Worauf kommt es vor allem an? Entscheidend ist, daß auch bei einer Verschiebung des Zeitplans die Stabilitätspolitik, die Sparpolitik in den Haushalten und das Ziel der Stabilitäts-Kriterien, Inhalt der nationalen Politiken der Mitgliedsländer bleibt. Eine Möglichkeit dazu wäre, den vorgeschlagenen Stabilitätspakt zu beschließen und damit gemeinsam auf dem Weg zum Ziel zu bleiben. Dies ist ja ohnehin wichtiger als der Zeitplan.

Es wird großer politischer Klugheit bedürfen, diese schwierigen Situationen auszubalancieren. Beim Thema »Europa« geht es um schicksalhafte Entscheidungen. In einer solchen Umbruchzeit kann der richtige Weg nur in einer evolutionären Entwicklung und in einem ständigen Lernprozeß gefunden werden. Das spricht dafür, den Weg konsequent zu beschreiten, aber das Tempo womöglich eher etwas zu drosseln. Richtung und Geschwindigkeit können aber nur in einem europäischen Konsensprozeß gefunden werden. Ein für Deutschland besonders wichtiges Thema ist dabei die Einbindung der östlichen Nachbarn.

Die Bevölkerung in unseren östlichen Nachbarstaaten beginnt sich schon enttäuscht von Europa abzuwenden. Die Ursachen dafür sind vielfältig. Die Gründe liegen nicht nur bei illusionären

Erwartungen der dortigen Völker, sie liegen durchaus auch bei uns. Es ist im besonderen deutschen Interesse, daß die umfassende Hilfestellung für den Aufbau in Osteuropa die Westeuropäer nicht nur uns überlassen. Für ganz Europa ist es wichtig, daß die osteuropäischen Völker ihre Westorientierung, ihre europäische Orientierung beibehalten. Das »Haus Europa« hat keine gute Zukunft, wenn der Westflügel im Komfort lebt und der Ostflügel als Ruine bleibt. Eine baldige Aufnahme osteuropäischer Länder in die Europäische Union würde wahrscheinlich alle Beteiligten überfordern. Für Länder wie Polen, Ungarn und Tschechien, erst recht für noch schwächere Länder, würde damit der ohnehin schon schmerzliche Strukturwandel nochmals enorm beschleunigt. Die daraus zwangsläufig entstehenden finanziellen Forderungen an die bisherige Europäische Union würden rasch eine Dimension erreichen, die kaum leistbar ist.

Auch hier ist gegenwärtig eine abschließende Antwort offen. Klar ist nur das Ziel der systematischen Ankoppelung mit einer späteren Integration in die Europäische Union, offen die Geschwindigkeit des Voranschreitens und die Ausgestaltung des Weges im einzelnen.

Die europäischen Sachverhalte sind verwirrend kompliziert und gleichzeitig dringend in ihrer Aufgabenstellung. Von der Bewältigung dieser Aufgabe wird für die Lebenssituation unserer Nachkommen unendlich viel abhängen. Deshalb sind wir bei dieser Aufgabe besonders gefordert, verantwortungbewußt zu handeln. Dies schließt das Ringen um die bestmögliche Lösung, die sachlich notwendige Kontroverse ein. Die vordergründige wahlpolitisch kalkulierte Polemik sollte dabei ausgeschlossen sein.

V.
Anforderungen an die Parteien

Überforderte Parteien?

Sind die Parteien in der Lage, die Aufgaben in dieser Zeit des Umbruchs zu meistern? Die gängige Antwort läuft auf ein Nein hinaus. Die Urteile sind meist hart.

»Aus kulturellen Gestaltungseliten sind machtorientierte Verwaltungstechnokraten geworden. (...) Alle etablierten Parteien des alten Europa erfahren diese tiefe, ja existentielle Krise, die einen früher, die anderen später.«
(Werner Weidenfeld, Süddeutsche Zeitung, 5.12.1995)

Wo sind die Alternativen? Wo sind gesellschaftliche Gruppen oder überragende Einzelpersönlichkeiten, die mit hoher Kompetenz und Ausstrahlung Orientierung vermitteln? Wo in den Verbänden, in der Wissenschaft, in den Kirchen, in den gesellschaftlichen Gruppen? Ist es womöglich ein Wesensmerkmal einer Übergangszeit, daß wieder mehr Widersprüchlichkeit, Ratlosigkeit und tastendes Vorangehen die Situation prägen?

Immerhin haben die Parteien in Deutschland die Umbruchsituation seit 1989 bemerkenswert bewältigt. Dies ist gewiß keine Zukunftsgarantie, aber auch kein Nachweis für Unfähigkeit. »Politikverdrossenheit« oder »Parteienverdrossenheit« sind gängige Schlagworte geworden. Wer sich dazu nicht bekennt, der gilt fast schon als ein Exote, als ein Außenseiter, der nicht auf der Höhe der Zeit ist.

Nun gibt es gewiß viel berechtigte Kritik an den Parteien, ihrem Erscheinungsbild, ihrer Arbeitsweise; an der politischen Kultur insgesamt. Wahr ist aber auch, daß es in den 90er Jahren ungleich schwieriger ist, Politik zu gestalten, als etwa in den 70er Jahren oder früher. Die Komplexität der Sachverhalte ist ungleich größer. Häufiger treten unerwartete Nebenwirkungen auf. Die Geschwindigkeit und der Umfang des Wandels stellen extrem hohe Anforderungen. Die Pluralität der Wertvorstellungen macht es schwer, einen Konsens für das Handeln zu finden. Fast alle Institutionen befinden sich in einer Krise, ebenso alle Autoritäten. Die Parteien sind hier keine Insel der Seeligen, aber auch kein besonders herausragendes Beispiel. Ein Klima des Mißtrauens und der ständigen Kritik schreckt viele von der Übernahme öffentlicher Ämter ab. Früher hatten Amtsträger aller Ebenen, beginnend beim Vorstand eines Vereins, einen Vorschuß an Vertrauen – heute haben sie einen Vorschuß an Mißtrauen.

Dazu kommen die an anderer Stelle schon geschilderten Kommunikationsprobleme mit den Medien, die heute prägend sind. Dies alles sind keine Entschuldigungen für Defizite, sollten aber bedacht werden, wenn es um Kritik geht. Manche heftig kritisierenden Repräsentanten von Verbänden, manche hochrangigen Vertreter der Wirtschaft sollten bei ihrer Kritik der Politik einmal bedenken, mit wieviel Fehlprognosen und Fehlentscheidungen ihr eigener Weg gepflastert ist. Nicht wenige suchen dann die Entschuldigung dafür in den Bedingungen der Politik. Tatsache ist auch, daß die Politiker nicht nur die Probleme und die Perspektiven einer Branche richtig beurteilen sollen – was bekanntlich in den letzten Jahren vielen Managern und Funktionären schon sehr schwer fiel –, in der Politik bündeln sich die Summen der Probleme und der Aufgaben; damit ist die Komplexität für Analyse und Handeln nochmals erheblich gesteigert. Der Unterschied liegt oft nur in den öffentlich sichtbaren Folgen.

In den vergangenen Jahren waren die Konjunktur- und Wirtschaftsprognosen der Sachverständigen, etwa der »fünf Weisen«, meist nicht gerade Volltreffer. Man traut sich schon fast nicht mehr, für ein halbes Jahr eine Prognose zu geben. Der Finanzminister muß aber beispielsweise auf diesen Prognosen aufbauend seinen Haushalt kalkulieren. Wenn dann aufgrund anderer Entwicklungen eine Korrektur notwendig ist, stehen der Finanzminister und die Politik als diejenigen da, die die Sache wieder einmal nicht richtig beurteilt haben. Hätten sie es von vornherein besser wissen sollen und können als die unabhängigen Wissenschaftler, wie es ja gegenüber den Politikern so gerne betont wird?

Diese kritischen Anmerkungen sollen nur dazu beitragen, daß wir offener und vielleicht etwas gelassener die Situation, die Probleme und die Notwendigkeiten der Parteien erörtern. In der Tat ist es für die Zukunft unseres Gemeinwesens viel dramatischer, wenn die Parteien versagen und es keine entsprechenden Alternativen gibt, als wenn einzelne Verbände oder Unternehmensführungen versagen.

Welche Konsequenzen sind für die Arbeit der Unionsparteien notwendig? Die gesellschaftlichen Veränderungen treffen immer mehr auch die Unionsparteien. Dies gilt für die CSU weniger, aber auch sie ist von diesen Veränderungen betroffen. Die Wahlerfolge des Jahres 1994 und die gegenwärtig stabile Situation dürfen nicht darüber hinwegtäuschen, daß es auch für die CSU in der Grundtendenz immer schwieriger werden wird, »50 Prozent + x« in der Wählerzustimmung zu erreichen. Dies ist nicht eine frühzeitige Entschuldigung für weniger Erfolg, sondern soll nur die Sinne schärfen und die Notwendigkeit für weitere und zusätzliche Anstrengungen verdeutlichen.

Auch die CSU ist davon betroffen, daß sich das christliche Milieu immer mehr auflöst. Noch trägt die Prägung durch die Volkskirchen und durch die christliche Tradition, aber schon in der jungen Generation entwickelt sich eine andere Situation: nicht antikirchlich, aber weithin schon distanzierter, dem christlichen Milieu entfremdet. Weit mehr Menschen stimmen den christlichen Wertvorstellungen zu, oft ohne die Herkunft und die Tradition dieser Wertvorstellungen zu kennen, als es bewußte Christen gibt. Die Veränderung hat der Pfarrer einer Landgemeinde bei einer Veranstaltung folgendermaßen beschrieben: »Früher fiel bei uns auf, wer nicht regelmäßig am Sonntag in die Kirche ging, heute fällt auf, wer regelmäßig geht«.

Auch in der Wählerschaft der Union werden die Wertvorstellungen und die Lebensstile immer differenzierter, ja innerhalb verschiedener Lebensbereiche unterschiedlich – etwa in der Wirtschaftspolitik konservativ und in der persönlichen Lebensführung betont liberal. Die Bindung zu Institutionen und damit auch der C-Parteien wird überall lockerer. Der Begründungszwang der Politik steigt und damit der Anspruch an die politisch Handelnden und an die Parteien.

Daraus folgt zum Beispiel, daß die Parteidiskussionen offener werden müssen. Die Mitglieder müssen die Chance haben, ihr Wissen und ihre Überzeugung in die Willensbildung der Partei einzubringen. Nur dadurch hat für viele die Mitarbeit einen Sinn und ist Engagement lohnend. Es ist Aufgabe der Gewählten, auf allen Organisationsebenen und in allen Gliederungen dafür zu sorgen, daß diese offene Diskussion vom Klima und von der Sache her möglich ist. Konstruktive Kritik muß immer erwünscht sein. Gerade in der internen Diskussion muß es auch einen Freiraum für Neues, für Ungewöhnliches geben. Nach getroffenen Entscheidungen ist von allen die notwendige Solidarität zu erwarten, damit die Gemeinschaft handlungsfähig und glaubwürdig ist.

»Wer Zustimmung will, muß Sinn vermitteln.« Diese Regel der Personalführung gilt auch für die Parteien. Sie können nur dann Gefolgschaft und Zustimmung erwarten, wenn sie zugleich sinnstiftende Ziele vermitteln. Dies muß nicht immer Veränderung bedeuten. Es gibt auch Situationen, in denen der Schutz des Bewährten vordringlich ist. Es muß aber auf Dauer und in jedem Fall mehr sein als die bloße Machterhaltung.

Auch die heutigen Beobachtungen zeigen, daß Menschen viele Belastungen und Anstrengungen auf sich nehmen, wenn sie darin einen Sinn sehen. Dies gilt nicht nur für Freizeitaktivitäten, sondern auch für ein viel weiter verbreitetes soziales Engagement als wir es über die Medien wahrnehmen können – gerade auch bei jungen Leuten.

Macht wozu? Dies ist die Frage, die die Parteien immer wieder plausibel beantworten müssen. Mehrheit und Macht sind wesentliche Voraussetzungen für Gestaltungsmöglichkeiten, aber keine allein ausreichenden.

Zu den Regeln des Lebens zählt, daß auf Dauer nur solche Gemeinschaften und Organisationen zukunftsfähig und überlebensfähig sind, die lernfähig bleiben. Lernfähig – sind das unsere Parteien? Sie sind es in erster Linie über die Wahlergebnisse. Dies bedeutet heilsamen Wettbewerb und Anstoß – Botschaften der Wähler durch schlechtere Wahlergebnisse bedeuten aber noch nicht automatisch mehr Offenheit, mehr Kreativität und mehr Gestaltungskraft.

Das Innenleben einer Partei muß so gestaltet werden, daß sich Neues entwickeln kann, was sich natürlich erst bewähren muß und nicht allein deshalb einen Platz beanspruchen kann, weil es neu ist. In einer Partei muß eine Kultur der Inneren Führung praktiziert werden, mit der der kreative Lernprozeß und die ständige Weiterentwicklung möglich sind.

Die Jugend gewinnen

Für die Zukunft der Parteien und die unseres Gemeinwesens wird es von zentraler Bedeutung sein, daß wir genügend junge Menschen – ja noch mehr, daß wir die Besten der jungen Generation – dafür gewinnen können.

Die Besten? Das sind diejenigen, die sich einer Aufgabe stellen, die bereit sind, sich Kompetenz zu erwerben und ständig dazuzulernen, die menschlich und fachlich geeignet sind, Führungsaufgaben zu übernehmen.

Wen brauchen wir? Nicht »Clever-Glatte« oder »Harmlos-Brave« sind gefragt, sondern Menschen mit der Fähigkeit und der Bereitschaft zum Engagement. Jeder wird dabei natürlich auch ganz menschliche Motive haben, wie Suche nach Bestätigung und Anerkennung, irgendwelche Varianten von Eitelkeit oder Ehrgeiz. Vorsicht vor denen, die vorgeben, nur aus edlen und uneigennützigen Motiven zu handeln! Entweder sie kennen sich selbst zu wenig oder sie heucheln!

Gerade für Christen gilt: Wir sind unterwegs, wir sind nie vollkommen. Entscheidend ist, welche Motive uns dominieren, unser Handeln prägen. Dies ist wichtiger als unsere Schwächen und Unzulänglichkeiten. Die jungen Menschen werden ihre Entscheidung, ob sie sich engagieren, wesentlich abhängig machen von der Beobachtung der heutigen Führungskräfte und des »politischen Betriebs«.

Die Maßstäbe, die heute an die Politiker angelegt werden, sind vielfach heuchlerisch und überzogen. Hier wird ein Idealbild verlangt, das kaum irgendwo Realität ist. Andererseits gilt aber auch, daß jeder, der ein Führungsamt übernimmt – ob in der Politik oder anderswo –, akzeptieren muß, daß für sein Verhalten strengere Maßstäbe gelten.

Der wichtigste Maßstab sollte sein, wie sich eine Führungskraft um sachgerechtes und gemeinwohlorientiertes Handeln bemüht. Kompetenz und persönliche Glaubwürdigkeit sind die Merkmale überzeugender Führungskräfte. Im Bemühen um gemeinwohlorientiertes Handeln wird die Ethik politischen Handelns erkennbar.

Das richtige Verhalten in der politischen Arbeit kann nicht durch ein kleinliches Regelwerk beschrieben werden. Wichtiger als ein ängstlich-formales Beachten detaillierter Regeln ist das leidenschaftliche Engagement für die Menschen und für die Sache.

Im Grunde ist an die Politiker derselbe Anspruch zu stellen, den wir gegenüber dem Handwerker haben, dem wir einen Auftrag geben. Wir erwarten, daß er sich eine gute Kompetenz und handwerkliches Können erworben hat und gute Arbeit auch dort leistet, wo man nicht hinsieht. Daß er nicht nur für die Fassade, für die Außenansicht arbeitet, daß er eben ein entsprechendes Berufsethos hat.

Frauen fördern

Auf allen gesellschaftlichen Gebieten haben die Frauen in den vergangenen Jahren zunehmend Aufgaben übernommen und Einfluß auf die Gestaltung und Entwicklung gewonnen. Das ist für eine ganzheitliche Politik außerordentlich wichtig. In unserer Politik müssen dabei auch die unterschiedlichen Lebenswege und Lebensentwürfe der Frauen ihren Platz haben. Diese Unterschiede, die mitunter auch mit Spannungen verbunden sind, erleben wir ja schon häufig in unseren Familien, in den unterschiedlichen Wegen von Mutter und Tochter. Die gemeinsame Basis ist dabei die Partnerschaft von Frau und Mann, nicht eine Konfliktstrategie gegenüber den Männern oder umgekehrt.

Unser umfassender Ansatz ist anspruchsvoll und in mancher Beziehung auch schwieriger als die Konzentration der linken Parteien auf ein verengtes Frauenbild, das sein Selbstwertgefühl ausschließlich aus eigener Berufstätigkeit und aus der Emanzipation gegenüber den Männern bezieht. Natürlich steht aber auch für uns außer Frage, daß bei der Aufgabe »Verwirklichung der Gleichberechtigung von Frauen und Männern« noch erheblicher Handlungsbedarf besteht. Sie muß in allen gesellschaftlichen Bereichen, in der Familie, in der schulischen und beruflichen Ausbildung, in der Arbeitswelt, in gesellschaftlichen sowie politischen Organisationen noch stärker umgesetzt werden. Gleichberechtigung heißt: mitwirken, mitgestalten, mitentscheiden.

Eine echte Wahlfreiheit setzt voraus, daß sich Frauen und Männer frei entscheiden können, ob sie sich ausschließlich der Arbeit in der Familie oder der außerhäuslichen Berufsarbeit widmen oder ob sie Familien- und Erwerbstätigkeit miteinander verbinden möchten. Partnerschaft zwischen Frau und Mann verlangt gleiche Teilnahmerechte und Teilnahmechancen, gerechte Verteilung von Verantwortung und Pflichten. Partnerschaftliche Aufgabenteilung zwischen Frauen und Männern in Familie und Arbeitswelt wird nur dann gelingen, wenn Frauen auch gleichberechtigt an der gesellschaftlichen und politischen Gestaltung beteiligt sind.

In der Aufgaben- und Funktionsverteilung in politischen, gesellschaftlichen und wirtschaftlichen Organisationen müssen sich auch die gesellschaftlichen Leistungen, die Frauen erbringen, widerspiegeln.

VI.
Abstieg oder Aufbruch

Aufbruch zu neuen Anstrengungen – oder Abstieg

Stillstand ist Rückschritt. Diese alte Lebensregel gilt auch für Völker, zumal in dieser Zeit dynamischer Veränderungen. Unsere Alternative heißt: Aufbruch zu neuen Anstrengungen – oder Abstieg. Es wäre ein Irrtum zu glauben, daß dann, wenn wir stehenblieben, wenn wir uns am Bestehenden festkrallten, wir auf demselben Platz, auf demselben Niveau blieben. Denn: Um uns herum ist alles in Fluß, wir befinden uns in einem Strom der Veränderung.

Die Aufgabe der Führungskräfte ist es, den Weg zu erkunden, die Mannschaft auf die Anstrengungen des Weges einzustimmen und für die Aufgabe zu motivieren. Dies gilt für die Führungskräfte in allen Lebensbereichen, für alle gesellschaftlichen Gruppen und vor allem für die Organisationen, denen eine gestaltende Aufgabe obliegt.

Orientierung geben

In unserer Umbruchzeit ist es insbesondere die Aufgabe der Führungskräfte, Orientierung zu geben. Dies verlangt im ersten Schritt die zutreffende Analyse, aus der dann die Ziele entwickelt werden. In der Alltagsarbeit besteht immer wieder die Gefahr, daß vor lauter Bäumen der Wald nicht mehr gesehen wird und die Linienführung des Weges sowie die übergeordneten Ziele aus dem Auge verloren werden. Es nützt aber auch nichts, nur große Ziele zu haben und dann den Weg zu scheuen. Auch die größten Ziele können nur durch zuverlässige Alltagsarbeit, durch viele kleine Schritte erreicht werden. Wer im schwierigen Gelände zu große Schritt macht, stolpert leicht.

Die Zukunft sichern!

Angesichts der Fülle und der Komplexität der Probleme gibt es immer wieder die Sehnsucht nach dem großen »Befreiungsschlag« – der großen, alles umfassenden und alle Probleme lösenden Reform. Aber: Je komplexer die Welt ist, um so weniger gibt es eine solche Möglichkeit, ja um so gefährlicher ist ein solcher Versuch. Je größer die Eingriffe in einen komplexen Organismus, um so größer sind die Risiken. Zwar nützt in einem großen Krisenfall nur noch solches Handeln, aber darauf soll es die Politik nach Möglichkeit nicht ankommen lassen. Gefragt ist die klare Zielsetzung, der kooperative Führungsstil des ebenso zielsicheren wie elastischen und korrekturfähigen Handelns.

Gegenwärtig fordern uns besonders die ökonomischen Probleme. Dies gilt für den wirtschaftlichen Wettbewerb wie für die Zukunft des Sozialstaats. Wir dürfen Politik jedoch nicht nur verkürzen auf die Fragen der Effizienz. Kreativität und Innovationen sind nicht nur für den technisch-ökonomischen Fortschritt, sondern vor allem auch für die Lösung gesellschaftlicher Probleme notwendig. Gleiches Engagement erfordern die Pflege der Kultur und des Zusammenlebens.

Alle Probleme unserer Zeit haben ihre Wurzeln letztlich in Einstellungen und Verhaltensweisen. Deshalb ist eine nur technokratische Politik früher oder später zum Scheitern verurteilt. Was wir jetzt brauchen ist eine liberal-konservative Erneuerung. Das bedeutet die Besinnung auf bewährte Tugenden und Erfahrungen. Dazu zählen bewährtes konservatives Gedankengut und die unverzichtbaren positiven Ergebnisse der Aufklärung, ergänzt um das Wissen und die notwendige Einstellung der heutigen Zeit.

Den Sozialisten ist der Boden unter den Füßen weggezogen worden, nicht nur aufgrund des Zusammenbruchs des Kommunismus. Der Sozialismus ist für die Informationsgesellschaft ein Anachronismus. Die Liberalen suchen verzweifelt ihren unverwechselbaren Beitrag für die heutige Zeit, werden aber nicht fündig, können es auch nicht.

Die Grundlagen des christ-sozialen und christ-demokratischen Handelns sind dagegen weiter gültig. Notwendig ist die jeweilige Aktualisierung als Antwort auf die Fragen der Zeit. Es ist unsere Aufgabe, daraus für die Herausforderungen von heute und morgen die notwendige Gestaltungskraft zu entwickeln.

CSU und CDU haben eine bessere Ausgangssituation, mehr Chancen als alle anderen politischen Gruppierungen. Diese Chancen gilt es zu nutzen!

Zukunftssicherung durch liberal-konservative Erneuerung – das ist unser Auftrag für die kommenden Jahre!

Nachwort

Die drei Landtagswahlen im März 1996 (Baden-Württemberg, Rheinland-Pfalz, Schleswig-Holstein) haben einen bedeutsamen innenpolitischen Akzent gesetzt, freilich anders, als die meisten erwartet oder befürchetet hatten. Die Wahlergebnisse sind ein eindeutiges Votum für die liberal-konservative Regierung in Bonn und eine Absage an die rot-grüne Alternative.

Im Vordergrund dürfte dabei die Kompetenzzumessung in ökonomischen Aufgaben gestanden haben. Das Votum der Wählerinnen und Wähler war jedoch tiefer begründet. Es war eine Absage an die mit Rot-Grün verbundene Kultur, die damit verbundenen Wertvorstellungen und gesellschaftspolitischen Konzepte. Kommentatoren nehmen als Beleg für diese Deutung auch, daß die Werbepsychologen – die sensibelsten Beobachter der jeweils aktuellen Zeitströmung – zunehmend ihre Botschaft mit dem Image von Kontinuität, Tradition, Echtheit, etc. verbinden.

Das Wahlergebnis war andererseits gewiß kein Ergebnis für »Weiter so Deutschland«, sondern für tatkräftige Führung, die notwendige Veränderungen durchsetzt, um die elementaren Grundlagen unseres Staates zu erhalten und zu sichern. Es war ein Votum für eine liberal-konservative Erneuerung.

Damit wurde die zweite Hälfte des Jahres 1996 prägend für die weitere Entwicklung in Deutschland bis weit über die gegenwärtige Legislaturperiode, die bis Ende Herbst 1998 dauert, hinaus.

Schon die Ergebnisse der Landtagswahlen haben gezeigt, daß politischen Erfolg auf Dauer nicht die haben, die den bequemsten Weg anbieten, sondern jene, die den überzeugendsten Weg aufzeigen. Allerdings ist dies ein Vertrauensvorschuß, den es einzulösen gilt.

Erste Kurskorrekturen sind inzwischen erfolgt. Diesen Weg gilt es konsequent weiterzugehen. Es kommt nun nicht nur darauf an, das Richtige zu tun, sondern dies auch durch überzeugende Argumentation zur Position der Mehrheit zu machen. Die Sprache prägt bekanntlich das Bewußtsein. Deshalb dürfen jetzt inhaltlich und sprachlich nicht nur negative Parolen verkündet werden (»in das soziale Netz schneiden« – das klingt wie »in die Haut schneiden«); das positive Ziel und das positive Ergebnis dieser schmerzlichen Wegstrecke müssen vorangestellt werden. Sparen ist für sich noch kein Ziel, Wettbewerbsfähigkeit ebenso wenig. Die positiven Ergebnisse solchen Verhaltens und solcher Ziele müssen präzise formuliert werden. Daran hat es bei den Konservativen bislang meistens gefehlt.

Für die schwierigen und oft schmerzlichen Entscheidungen sind nachvollziehbare Maßstäbe darzustellen, aus denen die Motive des Handelns – warum so und nicht anders? – verständlich werden. Diese Argumentation darf sich keinesfalls nur auf ökonomische Aspekte beschränken. Die verhängnisvolle »Arbeitsteilung« ähnlicher Debatten ist immer wieder: Wir vertreten die technischen und ökonomischen Argumente und setzen allein auf die Logik. Diese Argumentation ist kompliziert, weil die Sachverhalte kompliziert sind, und wirkt daher »kalt«.

Unsere Gegner setzen dagegen auf Emotionen. Sie besetzen die Position der Moral. Weil wir alle letztlich mehr aus unseren Empfindungen und Wertvorstellungen heraus handeln als rein aufgrund der Logik, ist das Ergebnis solcher »Arbeitsteilung« klar. Deshalb muß die Argumentation gesellschaftspolitisch und moralisch begründet sowie der Nutzen für den einzelnen erkennbar werden. Wir müssen deutlich machen: Jetzt geht es darum, daß wir aus sozialer Verantwortung wirtschaftlich handeln müssen.

Die Überzeugungskraft hängt auch wesentlich vom Eindruck ab, ob hinter den Einzelmaßnahmen ein Konzept erkennbar ist oder nur die Taktik des jeweils geringsten Widerstandes vermutet wird. Es geht um die Zukunftskompetenz!

Die in der Sache sehr komplizierte Situation muß verständlich dargestellt werden – am besten durch Bilder und Vergleiche. So gleicht doch die Situation unseres Landes ziemlich exakt der einer bislang sehr erfolgreichen Firma, die feststellen muß, daß sich ihre Marktchancen, ihr Umfeld und ihre Wettbewerbsbedingungen grundlegend verändert haben. Sie steht nun vor der Frage, sich entweder mit großen Anstrengungen und oftmals schmerzvollen Konsequenzen zu verändern, oder die Wettbewerbsfähigkeit und damit ihre Zukunftsfähigkeit zu verlieren. Wer kennt nicht solche Beispiele – mit positivem oder negativem Ende?

Den notwendigen Einzelmaßnahmen muß eine programmatische und richtungweisende Botschaft vorangestellt werden. Diese Botschaft muß beginnen mit einer verständlichen und ungeschminkten Analyse der Situation. Die Situation ist davon geprägt, daß alle Probleme ihre Quelle in Einstellungen und Verhaltensweisen haben und daß die ökonomischen Realitäten sowie alle sich daraus ergebenden Konsequenzen, auch sozialpolitischer Art, vom internationalen Wettbewerb bestimmt sind.

Wenn die Union nun die Weitsicht, das Konzept und den Mut zu einer grundlegenden Richtungsdebatte hat, kann dies die Entwicklung Deutschlands, die Parteienlandschaft und die Ergebnisse des politischen Wettbewerbs in den Wahlen über das Jahr 2000 hinaus bestimmen.

Dieses Buch will zu dieser Richtungsdebatte ermutigen und dazu einen Beitrag leisten.

Literaturverzeichnis

Bonsen, Matthias zur
Führen mit Visionen: der Weg zum ganzheitlichen Management,
Wiesbaden 1994

Forastié, Jean
Die 40000 Stunden, Düsseldorf 1966.

Frankl, Viktor E.
Das Leiden am sinnlosen Leben, 3. Auflage, Freiburg 1993

Hahn, Udo
Sinn suchen – Sinn finden: was ist Logotherapie?, Göttingen/
Zürich 1994

Hayek, Friedrich A. von
Die Verfassung der Freiheit, 3. Auflage, Tübingen 1991

Horx, Matthias
Trendbuch. Der erste große deutsche Trendreport, Düsseldorf
1993

Keynes, John Maynard
Essays in Persuasion, London 1933

Kirchner, Baldur
Dialektik und Ethik, 2. Auflage, Wiesbaden 1992

Miegel, Meinhard/Wahl, Stefanie
Das Ende des Individualismus, 2. Auflage, Bonn 1994

Naisbitt, John
Megatrends, München 1982

Nefiodow, Leo A.
Der fünfte Kondratieff: Strategien zum Strukturwandel in Wirtschaft und Gesellschaft, 2. Auflage, Frankfurt a.M./Wiesbaden 1991

Blaise, Pascal
Über die Religion und einige andere Gegenstände (Pensées).
Übertr. und hrsg. von Ewald Wasmuth, Heidelberg 1972

Peres, Shimon
Shalom: Erinnerungen, Stuttgart 1995

Schiller, Karl
Der schwierige Weg in die offene Gesellschaft, Berlin 1994

Seidenschwang, Martin
Wohin gehst Du?, Pfaffenhofen 1990

Stürmer, Michael
Die Grenzen der Macht; Begegnung der Deutschen mit der Geschichte, Berlin 1992

Vester, Frederic
Neuland des Denkens.
Vom technokratischen zum kybernetischen Zeitalter, 8. Auflage, München 1993

Walter, Norbert
Der neue Wohlstand der Nationen, 2. Auflage, Düsseldorf 1994

Personen- und Sachwortverzeichnis

Theo Waigel • Manfred Schell

Tage, die Deutschland und die Welt veränderten

Vom Mauerfall zum Kaukasus
Die deutsche Währungsunion

1 DEUTSCHE MARK 1990

edition ferenczy bei Bruckmann

Die D-Mark als Inbegriff von Stabilität und Freiheit war es, die letztlich Tempo und Charakter der deutschen Vereinigung bestimmte. Neben Theo Waigel melden sich hier auch andere herausragende Architekten der deutschen Währungsunion mit ihrer politischen Bewertung und ihren persönlichen Erinnerungen zu Wort.

edition ferenczy bei **Bruckmann**

Die Deutschland Akte

Michael Wolffsohn

Tatsachen und Legenden

edition ferenczy bei Bruckmann

Eine gnadenlose Abrechnung mit der DDR-Diktatur. Original-Akten, die nur für kurze Zeit während der Wende verfügbar waren, bildeten die Basis dieses Buches, das von den Kritikern des SPIEGEL und des BAYERNKURIER hochgelobt wurde.

edition ferenczy bei Bruckmann